Philipp Närdemann

Whistleblowing in der Unternehmenskultur. Rechtliche Fragestellungen

Ein Leitfaden für die Unternehmensberatung

Bibliografische Information der Deutschen Nationalbibliothek:

Die Deutsche Nationalbibliothek verzeichnet diese Publikation in der Deutschen Nationalbibliografie; detaillierte bibliografische Daten sind im Internet über http://dnb.d-nb.de abrufbar.

Impressum:

Copyright © Studylab

Ein Imprint der GRIN Verlag, Open Publishing GmbH

Druck und Bindung: Books on Demand GmbH, Norderstedt, Germany

Coverbild: GRIN | Freepik.com | Flaticon.com | ei8htz

Inhaltsverzeichnis

Abkürzungsverzeichnis 4

1 Einleitung 6

2 Whistleblowing innerhalb der Unternehmensorganisation 12

    2.1 Begriff des Whistleblowing 12

    2.2 Whistleblowing im Kontext der Unternehmung 22

    2.3 Zusammenstellung der Anforderungen an die Ausgestaltung von Whistleblowing-Systemen 30

3 Gesetzlicher Rahmen für Whistleblowing-Systeme 33

    3.1 Pflicht zur Einführung von Whistleblowing-Systemen 33

    3.2 Rechtsfolgen bei Nichteinhaltung 46

    3.3 Sichtweise des Arbeitnehmers 47

4 Prozess zur Beratung 53

    4.1 Vorbereitung 54

    4.2 Einleitung 55

    4.3 Explorationsphase 55

    4.4 Konstruktionsphase 56

    4.5 Contracting 57

    4.6 Abschlussphase 57

5 Fazit und Ausblick 58

Literaturverzeichnis 60

Anhang 64

Abkürzungsverzeichnis

Abs.	Absatz
AG	Aktiengesellschaft
AktG	Aktiengesetz
ArbschG	Arbeitsschutzgesetz
BAG	Bundesarbeitsgericht
BGH	Bundesgerichtshof
BVerfG	Bundesverfassungsgericht
BetrVG	Betriebsverfassungsgesetz
CIA	Central Intelligence Agency
DCGK	Deutscher Corporate Governance Kodex
Diss.	Dissertation
EGMR	Europäischer Gerichtshof für Menschenrechte
FinDAG	Finanzdienstleistungsaufsichtsgesetz
Fn.	Fußnote
GG	Grundgesetz
GmbHG	GmbH-Gesetz
HGB	Handelsgesetzbuch
HS	Halbsatz
KGaA	Kommanditgesellschaft auf Aktien
KMU	kleine und mittelgroße Unternehmen
KWG	Kreditwesengesetz
MüKoGmbHG	Münchener Kommentar zum GmbHG
NGO	non-governmental organization
NSA	National Security Agency
o. V.	ohne angegebenen Verfasser
PIDA	Public Interest Disclosure Act
Rn.	Randnummer

SE	Societas Europaea (Europäische Gesellschaft)
SEC	Securities Exchange Commission
SOX	Sarbanes-Oxley-Act
StPO	Strafprozessordnung
WpHG	Wertpapierhandelsgesetz
WPO	Wirtschaftsprüferordnung

Hinsichtlich der übrigen Abkürzungen siehe Kirchner, Hildebert / Butz, Cornelie, Abkürzungsverzeichnis der Rechtssprache, 8. Auflage, Berlin 2015.

1 Einleitung

Die Namen Edward Snowden und Julian Assange sind seit einigen Jahren stetige Bestandteile globaler Berichterstattungen. Assange, Gründer der Offenbarungsplattform *Wikileaks*,[1] und Snowden, ehemaliger Mitarbeiter der US-Geheimdienste CIA und NSA, erlangten ihre Bekanntheit durch die Veröffentlichung vertraulicher Informationen aus dem politischen Bereich, sogenanntem *Whistleblowing*.[2]

Wikileaks ist eine multinationale Medienorganisation, die über eine eigene Internetseite sowie den Einsatz sozialer Medien wie *Twitter* oder *Facebook* Informationen aus den Bereichen *Intelligence, Global Economy, International Politics, Corporations, Government* und *War & Military* veröffentlicht.[3] Bislang wurden über 10 Millionen Dokumente online zugänglich gemacht.[4] Dabei sind die Mitarbeiter und Journalisten, die im Rahmen vertraglicher Partnerschaften und geheimer Informationskanäle für Wikileaks tätig sind, auf die Auswertung großer Datenmengen aus den oben genannten Bereichen spezialisiert.[5] Die Organisation wurde im Jahr 2006 von dem Journalisten Julian Assange gegründet.[6]

Edward Snowden war für die US-Geheimdienste CIA und NSA tätig, bevor er am 6. Juni 2013 geheime Dokumente veröffentlichte, welche die Beobachtung und Überwachung elektronischer Kommunikationswege (Emails, Telefone, private Nachrichten) durch die US-amerikanische Regierung bewiesen.[7] Dabei seien sowohl Politiker als auch Privatpersonen überwacht worden, wie aus den Papieren, die von den Tageszeitungen *Washington Post*[8] und *The Guardian*[9] veröffentlicht wurden, hervorgeht. Seit der Enthüllung im Juni 2013 hält sich Snowden in Russ-

---

1 https://wikileaks.org/What-is-Wikileaks.html, letzter Abruf: 15.4.2017.
2 Zur näheren Definition des *Whistleblowing*, siehe Abschnitt 2.
3 Abzurufen unter https://wikileaks.org/What-is-Wikileaks.html, letzter Abruf: 15.4.2017.
4 Ebd.
5 Ebd.
6 Ebd.
7 Abzurufen unter https://www.eff.org/nsa-spying/nsadocs, letzter Abruf: 15.4.2017.
8 Abzurufen unter https://www.washingtonpost.com/investigations/us-intelligence-mining-data-from-nine-us-internet-companies-in-broad-secret-program/2013/06/06/3a0c0da8-cebf-11e2-8845-d970ccb04497_story.html?hpid=z1&utm_term=.a4187df7b080, letzter Abruf: 15.4.2017.
9 Abzurufen unter https://www.theguardian.com/world/2013/jun/06/us-tech-giants-nsa-data, letzter Abruf: 15.4.2017.

land auf, wo ihm politisches Asyl gewährt wurde, um einer strafrechtlichen Verfolgung in den USA zu entgehen. Von dort aus wird Snowden regelmäßig per Live-Stream in diverse Diskussionsrunden zugeschaltet, um weiterhin (teils sensible) Informationen an die Öffentlichkeit mitzuteilen.[10]

Eines haben diese beiden wohl bekanntesten Whistleblower der heutigen Zeit gemeinsam: ihre Enthüllungen erregte weltweites Aufsehen, was nicht zuletzt mit dem Sensibilitätsgrad der Informationen in Zusammenhang steht.

Doch nicht nur in der Politik, sondern auch in der Wirtschaftswelt, ist die Enthüllung sensibler Informationen durch Whistleblower zu beobachten. So beispielsweise im Jahr 2006, als mehreren Managern des deutschen Großkonzerns *Siemens* Schmiergeld-zahlungen vorgeworfen wurden. Der damalige Aufsichtsratschef Heinrich von Pierer übernahm Ende 2009 die Verantwortung für diese Affäre und zahlte unter anderem eine Schadensersatzsumme in Höhe von 5 Millionen Euro an den Konzern, obwohl er bis heute seine Unschuld und die Unkenntnis über die Schwarzkassen beteuert.[11] Die Schmiergeldzahlungen wurden durch eine Razzia der Staatsanwaltschaft und die anschließenden Ermittlungen aufgedeckt. Dem vorangegangen waren Hinweise an die Staatsanwaltschaft.[12]

So wird also deutlich, dass die Weitergabe und Veröffentlichung geheimer Informationen an Dritte dazu beitragen kann, Gesetzesverstöße und unrechtmäßige Handlungen in der Gesellschaft aufzudecken. Nicht selten werden die Whistleblower, wie an den Beispielen Snowdens und Assanges deutlich wird, jedoch des Geheimnisverrats beschuldigt, obwohl ihre Handlungen der Aufdeckung gesetzwidrigen Verhaltens dienen (sollen). Dem Hinweisgeber können außerdem Konsequenzen in Form von Ausgrenzung durch Kollegen, Nichtberücksichtigung bei Beförderungen oder schlimmstenfalls die Kündigung drohen. Demnach erscheint Whistleblowing in Teilen der Gesellschaft negativen Assoziationen zu unterliegen.

---

[10] Abzurufen unter http://www.sueddeutsche.de/digital/whistleblowing-snowden-rechnet-mit-bundesregierung-ab-1.3223515, letzter Abruf: 15.4.2017.
[11] Abzurufen unter http://www.manager-magazin.de/unternehmen/industrie/siemens-zehn-jahre-nach-dem-siemens-skandal-a-1118197-2.html, letzter Abruf: 15.4.2017.
[12] Abzurufen unter http://www.faz.net/aktuell/wirtschaft/unternehmen/chronik-die-schmiergeld-krisen-bei-siemens-1434567.html, letzter Abruf: 15.4.2017.

Im Rahmen dieser Arbeit soll ein gegebenenfalls notwendiger Schutz der Whistleblower vor solchen ungerechtfertigten Sanktionen untersucht werden. Außerdem stellt sich die Frage, inwieweit die Weitergabe der Informationen, die meist personenbezogen und somit vertraulich sind, durch den Whistleblower arbeits- oder wettbewerbsrechtlicher Regelungen bedarf. Diese Untersuchung der rechtlichen Rahmenbedingungen soll den Kern dieser Arbeit darstellen.

Um eine praktikable Verknüpfung zwischen den theoretischen Grundlagen des Whistleblowing (Abschnitt 2), den rechtlichen Bedingungen (Abschnitt 3) und der praktischen Anwendung herzustellen, soll diese Arbeit als ein Leitfaden für die unternehmensberatende Praxis verstanden werden. Es sollen Mindestkriterien eines Whistleblowing-Systems aufgestellt werden, die in der Praxis von den Unternehmern und durch den Berater beachtet werden sollten. Als Ergebnis resultiert ein strukturierter Kriterienkatalog, der dem Berater in einem Mandantengespräch einen Überblick über die wesentlichen Anforderungen an ein umfassendes Whistleblowing-System an die Hand gibt. Diese Anforderungen sowie die grundlegenden Charakteristika eines wirksamen Whistleblowing-Systems werden im Rahmen dieser Arbeit dargestellt.

In der Literatur sind überwiegend Arbeiten zu finden, die Whistleblowing-Systeme für zumindest kapitalmarktorientierte Unternehmen analysieren und Handlungs-empfehlungen zur praktischen Implementierung geben.[13] Die kleinen und mittleren Unternehmen (KMU) kommen in der wissenschaftlichen Betrachtung oftmals zu kurz. Dabei haben mittelständische Unternehmen ganz eigene Merkmale und strukturelle Besonderheiten, die es zu beachten gilt.

Die Definition von KMU kann unterschiedlich erfolgen. Aus pragmatischen Gründen werden überwiegend quantitative Kriterien herangezogen. Wesentliche Größen sind der Umsatz, die Mitarbeiterzahl und/oder die Bilanzsumme. Die in der Literatur erkennbaren Größenkriterien weichen dabei zum Teil jedoch erheblich voneinander ab. Laut der EU-Empfehlung 2003/361/EG ist ein Unternehmen mit einem Jahresumsatz zwischen 10 und 50 Mio. Euro und einer durchschnittlichen Mitarbeiterzahl von 50 bis 250 mittelständisch.[14] Das Deloitte-Mittelstandsinstitut hingegen ordnet erst Unternehmen mit einem Umsatz von 60 bis 600 Mio. Euro und einer Mitarbeiterzahl von 300 bis 3.000 Mitarbeitern dem

---

[13] Vgl. etwa Donato, 2009.
[14] Vgl. Definition der EU in der EU-Empfehlung 2003/361 v. 6.5.2013, Az. K (2003) 1422.

Mittelstand zu. Unternehmen, deren Kennzahlen unter diesen Werten liegen, sind demnach Kleinst- oder kleine Unternehmen.[15]

Die Einschätzung, ob ein Unternehmen die Merkmale des Mittelstands innehat, erfolgt rein individuell und muss von Beratungsfall zu Beratungsfall vorgenommen werden. Quantitative Größenkriterien sollten bei dieser Beurteilung allenfalls zur Orientierung herangezogen werden. Wichtiger bei der Beratung zu berücksichtigen sind qualitative Merkmale, die implizit Besonderheiten aufweisen.

So ist für das *Institut für Mittelstandsforschung in Bonn (IfM)* „die Einheit von Eigentum und Leitung"[16] entscheidend, d. h.:

- Bis zu zwei natürliche Personen oder deren Familienangehörige halten mindestens 50 % der Anteile des Unternehmens und
- Teile der Eigentümer sind Mitglieder der Geschäftsführung.[17]

Entscheidend sind also demnach familiengeführte Unternehmen, unabhängig von der Größe quantitativer Kriterien.

Nach *Bartuschka* liegt das Eigentum des Unternehmens bei einem Unternehmer oder einer Unternehmerfamilie, die wiederum unmittelbar in der Unternehmensleitung arbeitet oder mittelbar wesentlichen Einfluss auf die Geschäftsführung des Unternehmens ausübt.[18] Dabei kann die Geschäftsführung auch auf Dritte übertragen werden; wichtig ist die potenzielle Einflussnahme. Darüber hinaus werden Unternehmen mit zwei- oder dreistelligem Jahresumsatz und 100 bis 3.000 Mitarbeiter in die Definition einbezogen.[19] Möglich sind auch Konzernstrukturen oder eine internationale Ausrichtung des Unternehmens.

Der sogenannte „Familien-Faktor" wird ebenso vom *Wittener Institut für Familienunternehmen* als zentrales Merkmal des Mittelstands herausgestellt.[20] Dem-

---

[15] Vgl. Deloitte-Mittelstandsinstitut, Universität Bamberg, abzurufen unter: https://www.uni-bamberg.de/fileadmin/uni/fakultaeten/sowi_lehrstuehle/unternehmensfuehrung/Download-Bereich/Becker_2008_Mittelstand_und_Mittelstandsforschung_BBB_153.pdf, letzter Abruf: 15.4.2017.
[16] http://www.ifm-bonn.org/definitionen/, letzter Abruf: 15.4.2017.
[17] http://www.ifm-bonn.org/definitionen/mittelstandsdefinition-des-ifm-bonn/, letzter Abruf: 15.4.2017.
[18] Vgl. Bartuschka, CB 2017, 1.
[19] Ebd.
[20] https://www.wifu.de/forschung/definitionen/mittelstand/, letzter Abruf: 15.4.2017.

nach sind „wesentliche Führungsentscheidungen von Familienunternehmen durch die Verknüpfung von Familien- und Unternehmenslogiken zu erklären".[21] In typisch familiengeführten Unternehmen, die seit Generationen von den Familienmitgliedern beherrscht werden, herrscht oftmals eine gewisse Verbundenheit zu Traditionen und bisherigen Verhaltensweisen. Diskussionen über wesentliche Investitionsentscheidungen oder strategische Ausrichtungen der Unternehmenspolitik werden zum Teil emotional geführt[22]. Die dadurch geforderte Sensibilität für Situationen und Personen muss der Berater im Rahmen der Begleitung des Mandanten zwangsweise vorweisen, um erfolgreich zu sein. In diesen Unternehmen sind Veränderungen oftmals nur sehr mühsam und langwierig umzusetzen. Hier ist spezielles Einfühlungsvermögen von Nöten, insbesondere in Bezug auf die Einführung innovativer Prozesse oder im Umgang mit sensiblen Daten.[23] Besonders schwerwiegend ist vor diesem Hintergrund der Einfluss von Generationsunterschieden und -wechseln. Gerade bei Nachfolgeprojekten, bei denen die Unternehmensleitung an die nächste Generation übergeben werden soll, kann sich die ältere Generation oftmals nicht damit abfinden, dem Junior die Verantwortung zu überlassen. Hier ist es Aufgabe des Beraters, zwischen den Generationen zu vermitteln und einen für beide Seiten verträglichen und möglichst effektiven Übergang zu erreichen.

Die Themenbearbeitung im Rahmen dieser Arbeit greift die Merkmale der mittelständischen Unternehmen auf. Die Struktur der vorliegenden Arbeit orientiert sich an dem Blickwinkel, den der externe Berater während seiner Arbeit einnimmt:

Einer theoretischen Einleitung über den Begriff des Whistleblowing und die Verbreitung bestehender Systeme in der Unternehmenspraxis folgt eine Betrachtung gesetzlicher und nicht-gesetzlicher Rahmenbedingungen zur Pflicht von Whistleblowing-Systemen. Im Anschluss folgt ein kurzer Überblick über die Rechtsfolgen bei dem Verstoß gegen diese Rahmenbedingungen. Diese Aspekte stellen die wesentliche Grundlage für ein wirksam implementiertes System dar. Im letzten Teil der Arbeit wird untersucht, inwieweit Unternehmensberater im Rahmen ih-

---

21 Ebd.
22 Dies ist eine subjektive Meinung des Verfassers und spiegelt die bisherigen Erfahrungen in der beratenden Praxis.
23 Insbesondere in Bezug auf Hinweisgebersysteme ist der Umgang mit sensiblen Daten von hoher Bedeutung.

rer Tätigkeit die Mandanten bei der Konzeption und Implementierung dieser Systeme unterstützen können. Zuletzt werden die gesammelten Erkenntnisse in Form eines strukturierten Kriterienkatalogs präsentiert.

2 Whistleblowing innerhalb der Unternehmensorganisation

Bevor im weiteren Verlauf der Arbeit auf die rechtlichen Grundlagen des Whistleblowings und die Überleitung in die Unternehmensberatung eingegangen wird, soll an dieser Stelle zunächst der Begriff des Whistleblowing selbst beleuchtet und seine Anwendungsfelder innerhalb der Unternehmensorganisation untersucht werden.

2.1 Begriff des Whistleblowing

Whistleblowing-Systeme sind Systeme in einer Organisation[24] zur internen Anzeige von Missständen und Straftaten durch Mitarbeiter, um vorhandenes Informationspotenzial bei den Mitarbeitern zu nutzen, welches sonst verloren gehen würde.[25] Whistleblowing gilt als „Beitrag gegen die Kultur des Schweigens"[26].

Der Begriff Whistleblowing stammt aus dem angloamerikanischen und bedeutet wörtlich übersetzt *die Pfeife blasen* oder *abpfeifen*,[27] vergleichbar mit dem Pfiff eines Schiedsrichters im Sport oder eines Streifenpolizisten aus früheren Jahren. Beide nutzen bzw. nutzten die Pfeife, um unzulässiges Verhalten zu ahnden. Diese Übersetzung bzw. Interpretation ist bewusst wertfrei gewählt, da weitergehende Übersetzungen wie *verpfeifen* oftmals negativ mit Begriffen wie Denunziantentum oder Verrat assoziiert werden.[28] Im Folgenden wird der Begriff daher sinnhaft als *auf Etwas aufmerksam machen, einen Hinweis geben* oder *Alarm schlagen* interpretiert.[29]

Diese Abgrenzung zwischen der positiv bis neutralen und der negativ behafteten Deutung gilt es durch die Rechtstheoretiker und die Praxis zu definieren. Wann dient Whistleblowing zur Aufdeckung und Bekämpfung von Missständen? Wann

---

[24] Hier wird bewusst der Ausdruck „Organisation" verwendet, da Whistleblowing-Systeme nicht nur in privatwirtschaftlichen Unternehmen, sondern auch in öffentlichen Behörden oder NGOs zu finden sein können. Im weiteren Verlauf der Arbeit wird auf die Merkmale in privatwirtschaftlichen Unternehmen eingegangen.
[25] Vgl. Simon/Schilling, BB 2011, 2421.
[26] Rhode-Liebenau, 2005, 5.
[27] Zu finden unter anderem in Pons: Das Onlinewörterbuch unter: http://pons.eu/dict/search, letzter Abruf: 15.4.2017.
[28] Ebenso *Hülsberg/Kühn* in Inderst/Bannenberg/Poppe, 2013, 6. Kap. Rn. 211.
[29] Die Begriffe Whistleblower und Hinweisgeber sowie artverwandte Begriffe werden in dieser Arbeit synonym verwendet.

liegt aufgrund bestimmter Merkmale mutmaßliches Denunziantentum vor? Diese Abgrenzung zwischen erwünschtem und unerwünschtem Verhalten muss im Einzelfall definiert werden. Hier spielen die Art und der Aufbau der Organisation, die Unternehmensführung oder die Mitarbeiter eine wichtige Rolle. Durch diese weichen Faktoren kann eine pauschale Abgrenzung nicht verlässlich vorgenommen werden.

Neben dem aktiven Vorgehen gegen Missstände kann Whistleblowing auch einen präventiven Charakter haben, indem die Fälle der Wirtschaftskriminalität sinken, da in zukünftigen Fällen eine Aufdeckung befürchtet werden muss. Laut einer PwC-Studie aus dem Jahr 2016 ist die Verbreitung von Hinweisgebersystemen in deutschen Unternehmen noch nicht flächendeckend *state of the art*.[30] Jedoch werden demnach rund ein Drittel aller Delikte, die diese Studie umfasst, durch interne Hinweise, rund ein Viertel der Delikte durch externe Hinweise aufgedeckt.[31] Laut einer Studie des *Chartered Institute of Internal Auditors* aus dem Jahr 2014 konnte bei den Untersuchungen der Finanzdienstleistungsaufsicht während des Jahres 2013 eine Steigerung der Quote erfolgreich aufgedeckter Straftaten von rund 72 % im Vergleich zum Vorjahr allein durch Fälle von Whistleblowing verzeichnet werden.[32] Die Tendenz dürfte seit dem Jahr 2014 steigend gewesen sein.

Neben der Allgemeinheit können auch die Unternehmen selbst von der Offenbarung sensibler Informationen profitieren, indem mögliche Schäden für das Vermögen des Unternehmens verhindert und für die Zukunft vermieden werden können. Falls die Unternehmensführung also rechtmäßig wirtschaftet und die Gesetze befolgt, stellt das Whistleblowing eine erhebliche Chance dar, präventiv finanziellen oder immateriellen Schaden abzuwenden. Zum immateriellen Schaden gehören beispielsweise der Imageverlust oder das Abwandern von Kunden und Mitarbeitern.

Bei der Prävention gesetzeswidriger Handlungen im Unternehmen stellt sich weiterhin die Frage, wie der Vorstand bzw. die Geschäftsführung aufgrund der Pflicht zur ordnungsgemäßen Unternehmensführung das Compliance-System des Unternehmens ausgestalten muss, um frühzeitig und umfassend informiert zu werden.

---

[30] Vgl. PwC-Studie, 2016, 23.
[31] Vgl. Ebd., S. 43.
[32] Chartered Institute of Internal Auditors, 2014, Einleitung.

Die Unternehmensführung ist im Rahmen ihrer Verantwortung verpflichtet, „bei entsprechendem Gefahrenpotential geeignete organisatorische Maßnahmen zur Haftungsvermeidung und Risikokontrolle zu ergreifen".[33]

Als Zwischenfazit kann also zunächst festgehalten werden: Whistleblowing nimmt einen erheblichen Teil der Aufdeckung von Delikten ein und es ist zu erwarten, dass noch erhebliches Potenzial vorhanden ist. Umso wichtiger sind organisierte und für die Gesamtheit der Organisationsmitglieder zugängliche Hinweisgebersysteme, die eine Aufnahme der Hinweise bis zur Problemlösung vollumfänglich bieten.

Um den Begriff des Whistleblowing und die unterschiedlichen Ausprägungen näher zu betrachten, bietet sich die Definition von *Thüsing* an, der den Begriff als „Weitergabe von Informationen über Missstände durch einen Hinweisgeber an eine zur Entgegennahme solcher Informationen zuständige Stelle mit dem Ziel, den Missstand zu beenden" eher aus juristischer Sicht definiert.[34] Im Folgenden werden die einzelnen Bausteine dieser Definition separat betrachtet.

2.1.1 Weitergabe von Informationen

Die Weitergabe der relevanten Informationen kann **anonym, offen** oder (als Zwischenform) **vertraulich** stattfinden.

Beim anonymen Whistleblowing ist die Person des Hinweisgebers für die Allgemeinheit – mit Ausnahme der den Hinweis entgegennehmenden Stelle – nicht bekannt. Bei der offenen Variante hingegen gibt sich der Hinweisgeber von Anfang an zu erkennen. Ein Zwischenglied bildet das vertrauliche Whistleblowing, bei dem die Identität des Whistleblowers jedoch lediglich der entgegennehmenden Stelle bekannt ist und von dieser vertraulich behandelt wird.[35]

Beim anonymen Whistleblowing ist der Schutz des Hinweisgebers am wirksamsten, da dieser selbst für die Hinweisgeberstelle[36] nicht erkennbar ist. Er ist somit sicher vor Repressalien oder Sanktionen, die er wohlmöglich seitens der Kollegen oder Unternehmensleitung zu befürchten hätte. Hier liegen jedoch gleichzeitig

---

[33] Fleischer, 2016, MüKoGmbHG § 43 Rn. 142.
[34] Thüsing, 2014, Rn. 2.
[35] Thüsing, 2014, Rn. 11.
[36] Mit Hinweisgeberstelle wird in dieser Arbeit die den Hinweis entgegennehmende Stelle bezeichnet.

erhebliche Nachteile. Die Missbrauchsgefahr ist bei anonymem Whistleblowing sehr hoch, da die Hemmschwelle für den Hinweisgeber gering ist, Informationen weiterzugeben, die nicht ausreichend belastend sind, um den Beschuldigten auf Basis bewiesener Fakten zu sanktionieren, oder sogar Anschuldigungen zu äußern, die nicht ausreichend durch Fakten untermauert sind. Die Gefahr der falschen Beschuldigung ist somit hoch. Weiterhin ist es für die entgegennehmende Stelle nach Abgabe der Informationen nicht mehr möglich, mit dem Hinweisgeber in Kontakt zu treten. So wird von vorneherein die Möglichkeit ausgeschlossen, unklare Sachverhalte durch kurze, gezielte Rückfragen aufzuklären.[37]

Bei der offenen Variante ist oftmals die Hemmschwelle für den Hinweisgeber zu groß, Informationen weiterzugeben, um nicht vor den Vorgesetzten oder den Kollegen als Denunziant oder Verräter dazustehen.

2.1.2 Informationen über Missstände

Beim Whistleblowing geht es stets um Informationen über Missstände. Dies können beispielsweise Gesetzesverstöße, unethisches Verhalten, Umwelt-, Gesundheits- Verbraucherschutzgefahren oder allgemeine betrügerische Handlungen (*Fraud*) bestimmter Personen im Unternehmen sein.[38] All diese Missstände haben auf ihre eigene Weise Auswirkungen auf die Stakeholder eines Unternehmens, indem sie die Entscheidungen der einzelnen Interessensgruppen bezogen auf das Unternehmen erheblich beeinflussen können. So haben Missstände beispielsweise regelmäßig Einfluss auf die Entscheidungen von Aktionären zur (Des-)Investition von Vermögen an das Unternehmen. Banken haben wiederum ein erhebliches Interesse in die Finanzkraft des Unternehmens, wenn sie in der Vergangenheit Kredite an das Unternehmen begeben hat und Vertrauen in die Führungspersonen im Unternehmen halten muss.

Jedoch gibt es eine wichtige Einschränkung: Es gilt, das Whistleblowing vom Weitertragen allgemein bekannter Informationen zu differenzieren.[39] Das Whistleblowing verfolgt ein klares Ziel, nämlich die Behebung des Missstandes durch die entsprechende Einschaltung zuständiger Stellen. Ist ein Missstand im Unter-

---

[37] So auch *Hülsberg/Kühn* in Inderst/Bannenberg/Poppe, 2013, 6. Kap. Rn. 218. Eine mögliche Lösung dieser Problematiken wird in Abschnitt 2.2.2. vorgestellt.
[38] Eine beispielhafte Auflistung möglicher Missstände gibt Rhode-Liebenau, 2005, 12.
[39] Vgl. Near/Miceli, 1996, 510 oder Rhode-Liebenau, 2005, 11.

nehmen so trivial, dass er von einem Mitarbeiter oder zwischen Kollegen leicht unmittelbar eliminiert werden kann, so dürfte dies die übliche Konfliktlösung im betrieblichen Alltag darstellen. Erst wenn die Situation, in der sich der Hinweisgeber befindet oder die ihm aufgefallen ist, nur durch Einschaltung höherer Hierarchieebenen oder gar externer Berater gelöst werden kann und die Informationen darüber weitergetragen werden, kann von Whistleblowing die Rede sein. Das Merkmal der unmittelbaren Beseitigungsmöglichkeit zur Eliminierung von Missständen ist hier also eine entscheidende Negativabgrenzung für Whistleblowing.

2.1.3 Weitergabe durch einen Hinweisgeber

Die Weitergabe der Informationen an die Hinweisgeberstelle erfolgt durch den Whistleblower. Dieser steht im Interessenskreis der Unternehmung, in der ein Missstand erkannt wurde. Nach *Rhode-Liebenau* können also „all die Personen, die grobe Missstände in ihren Organisationen sehen und auf diese hinweisen"[40] als Whistleblower gesehen werden. Dabei wird deutlich, dass es sich um Personen handelt, die aus der Organisation heraus Hinweise melden.[41]

Externe Parteien, wie z. B. Wirtschaftsprüfer im Falle der Beauftragung zur Durchführung von Prüfungshandlungen, sind beruflich dazu verpflichtet, Missstände aufzudecken und zu kommunizieren,[42] weshalb es sich bei diesen Personen nicht um Whistleblower handeln kann. Der Grund liegt darin, dass sich der Meinung von *Near/Miceli* angeschlossen wird, wonach Whistleblower zum einen „organization members (former or current)" sind,[43] zum anderen aber nur Personen sein können, die nicht zur Behebung des Missstandes im Unternehmen berechtigt oder befugt ist.[44]

Das Motiv des Hinweisgebers ist nicht immer auf den ersten Blick eindeutig bestimmbar. Denkbar sind einerseits Motive wie Ehrlichkeit und Gerechtigkeitssinn, wenn es sich um vorherrschende Missstände handelt, die in das Handlungsfeld des Whistleblowers geraten sind und zu einer Verbesserung der Situation führen sollten. Andererseits jedoch kann der Hinweisgeber vermeintliche Hinweise ge-

---

[40] Rhode-Liebenau, 2005, 10.
[41] Darauf lässt die Formulierung „aus **ihrer** Organisation" zumindest schließen.
[42] Vgl. § 43 WPO.
[43] Near/Miceli, Journal of Business Ethics 1985, Vol. 4, No. 1, 1, 4.
[44] Vgl. Near/Miceli, 1987, 324.

ben, um dem Gegner, der den potenziellen Missstand begangen haben soll, übel nachzureden. Er kann dies tun, ohne die mitgeteilten Missstände tatsächlich gesehen zu haben oder die Informationen zu seinem Nutzen manipulieren. *Donato* nennt weitere solcher egoistischen Beweggründe, diese sind beispielsweise „Intrigen, Wichtigtuerei, Klatsch, Mobbing sowie Rufmord".[45]

Dem Hinweisgeber muss das Ausmaß seiner Tat bewusst sein. Er muss insoweit mit dem Sachverhalt, den er meldet, und den Positionen der beschuldigten Personen vertraut sein, als dass er die Folgen einer potenziellen Anschuldigung, die letzten Endes ins Nichts führt, verantworten kann. Eine Informationsweitergabe, um der Gegenpartei vorsätzlich zu schaden, wird im Rahmen dieser Arbeit nicht als Whistleblowing angesehen.[46]

Ebenso muss das Motiv des Hinweisgebers sein, den Missstand tatsächlich beenden zu wollen, um Gefahren und Risiken von der Öffentlichkeit abzuhalten.[47] Diese Risiken sind für Interessensgruppen außerhalb des Unternehmens regelmäßig nicht erkennbar, weshalb es umso wichtiger ist, dass aus der Organisation heraus Hinweise gegeben werden.[48] Die Erkennbarkeit von außen spielt hierbei eine wesentliche Rolle, da beispielsweise die Meldung, dass ein Braunkohlekraftwerk umweltschädlich betrieben wird, indem es durch die Kohleverbrennung die Luftverschmutzung beschleunige, kein Whistleblowing darstellt. Diese Gefahr gilt als allgemein anerkannt und ist somit der Öffentlichkeit bekannt.

Da die Weitergabe sensibler interner Informationen, wie beschrieben, oftmals mit dem Begriff *Denunziantentum* einhergeht, sind Whistleblower Gefahren wie Ausgrenzung, Kündigungen, Abmahnungen, Versetzungen oder Nichtberücksichtigung bei Beförderungen oder Gratifikationen ausgesetzt. Daher bedarf es besonderer Schutzmaßnahmen für Whistleblower, die insbesondere bei sog. Prinzipal-Agenten-Beziehungen Schutz für den Agenten bieten. Dieser steht regelmäßig in einem Untergeordnetenverhältnis. Der Schutz für Hinweisgeber wird in Abschnitt 3 ausführlicher behandelt.

---

[45] Donato, 2009, 17.
[46] So auch die Ansicht von Near/Miceli, Journal of Business Ethics 1985, Vol. 4, No. 1, 1, 4.
[47] Dazu zählen insbesondere die Stakeholder des Unternehmens, die per se direkt den Risiken aus dem Unternehmen ausgesetzt sind.
[48] Vgl. Rhode-Liebenau, 2005, 11.

2.1.4 Weitergabe an eine zur Entgegennahme solcher Informationen zuständige Stelle

Bei der Institution der zuständigen Stelle ist im Wesentlichen das interne von dem externen Whistleblowing abzugrenzen.

Beim internen Whistleblowing wird die Meldung der Informationen an eine Stelle innerhalb des Unternehmens gemacht. Diese kann z. B. eine eigene Hinweisgeberstelle bzw. -Hotline innerhalb des Unternehmens sein.[49] Sind keine dieser Stellen eingerichtet, so können Hinweise von bestimmten Abteilungen entgegengenommen und weiterverarbeitet werden. Hierfür eignen sich z. B. die Compliance-Abteilung, das Controlling, die interne Revision, die Personalabteilung und der Betriebsrat oder die Rechtsabteilung. Diese Stellen haben gemeinsam, dass sie regelmäßig sensible Unternehmens- oder Personaldaten verarbeiten und somit ein gewisses Grundvertrauen seitens des Hinweisgebers vorherrschen sollte. Der Vorteil in der Weitergabe der Informationen an diese Stellen besteht darin, dass die Informationen in der Regel nicht an Außenstehende gelangen und die Missstände diskret innerhalb der Unternehmung behoben werden können. Eine Abstufung bildet hierbei das semiinterne Whistleblowing, nach dem die interne Hinweisgeberstelle nicht weisungsgebunden ist. Beim internen Whistleblowing muss gewährleistet werden, dass die Unternehmensführung keine Kontrolle über die interne Hinweisgeberstelle ausüben kann. Ist die Geschäftsführung nicht an rechtmäßigem Verhalten im Unternehmen interessiert, kann es unter Umständen zu einer Nichtbeachtung von Hinweisen oder der Kompetenzbeschneidung der zuständigen Stelle kommen.[50]

Wird die Information extern weitergegeben, so befindet sich die Hinweisgeberstelle außerhalb der Unternehmung. In diesem Fall besteht die Gefahr darin, dass sich die Informationen unkontrolliert viral ausbreiten können, insbesondere wenn die Informationen an öffentliche Medien gelangen, da es für die Ausbreitung der Informationen außerhalb des Unternehmens keine Grenzen gibt. Die semiexterne Stelle liegt zwar außerhalb des Unternehmens, wird jedoch weitestgehend von der Geschäftsleitung kontrolliert. Die Gefahr der Einflussnahme und der damit einhergehende Verlust der Unabhängigkeit zeigen, dass diese Variante in der Praxis nicht gewählt werden sollte. Externe Stellen sind beispielsweise

---

[49] Vgl. dazu Abschnitt 2.2.2.2.
[50] Vgl. Thüsing, 2014, Rn. 15.

Verbände, staatliche Behörden, Rechtsanwälte, die Presse oder die allgemeine Öffentlichkeit (inkl. des Internets).[51]

Ein weiteres Gliederungsmerkmal des Whistleblowing stellt die Organisation der Hinweisgeberstelle(n) in der Unternehmung dar, die zentral oder dezentral angeordnet sein können.[52] Dezentrale Organisation bietet sich besonders bei größeren Unternehmen mit mehreren Niederlassungen bzw. Tochtergesellschaften (Konzern) an, da hierbei tendenziell eine höhere Zahl von Vorfällen gemeldet wird. Durch Hinweisgeberstellen in den Niederlassungen bzw. Tochterunternehmen kann eine effektivere Bearbeitung der Meldungen erfolgen. So können insbesondere auch kleinere Missstände angenommen und bearbeitet werden.

Die Entscheidung, ob eine Whistleblowingstelle intern (Personalabteilung, Syndicus-Anwalt etc.) oder extern (z. B. Rechtsanwälte) organisiert wird, liegt in der Abwägung verschiedener Merkmale dieser Systeme. *Auer* führt in diesem Zusammenhang aus, dass eine Bindung von Ressourcen grundsätzlich in beiden Fällen vorliege, unterschiedlich sei die Kostenerstattung zu bewerten.[53] Beim internen Hinweisgebersystem werde Personal gebunden (Fixkosten), wohingegen bei externem Whistleblowing eher variable Kosten z. B. auf Stundenbasis anfallen. Die Anzahl der Hinweise könne je nach Unternehmensgröße zwar variieren, jedoch sei insbesondere bei mittelständischen Unternehmen tendenziell davon auszugehen, dass diese Aufgabe eine interne Hinweisgeberstelle zeitlich nicht vollständig auslaste.[54] Vor diesem Hintergrund ist seitens der Unternehmensleitung jedoch abzuwägen, die Aufgabe der Entgegennahme von Hinweisen einer bereits bestehenden innerbetrieblichen Institution, wie z. B. der Personalabteilung, dem Betriebsrat oder der Compliance-Abteilung, zuzuordnen. Zumindest wäre dieses Vorgehen für die Anfangsphase unmittelbar nach Implementierung des Whistleblowing-Systems anzuraten, bis für das jeweilige Unternehmen der tatsächliche Arbeitsaufwand eingeschätzt werden kann.

---

[51] Vgl. *Hülsberg/Kühn* in Inderst/Bannenberg/Poppe, 2013, 6. Kap. Rn. 215.
[52] Vgl. etwa Rhode-Liebenau, 2005, 13.
[53] Vgl. Auer, CB 2013, 1.
[54] Vgl. ebd.

2.1.5 Weitergabe mit dem Ziel, den Missstand zu beenden

Ein zentrales Ziel des Whistleblowing stellt den Schutz der Öffentlichkeit dar. Durch die Aufdeckung von Bilanzskandalen, Betrugshandlungen (sogenanntes *management fraud* [55]) oder weiterer unternehmensinterner Missstände können mögliche Gefahren für die Interessensgruppen des Unternehmens bereits vor Ausbreitung etwaiger Schäden eliminiert werden.

Seitens des Hinweisgebers sollte beachtet werden, dass die Abgabe nicht belegbarer Hinweise auf leichtfertige Weise Unglaubwürdigkeit erwecken kann. Daher und zum Schutz des Beschuldigten vor falschen Verdächtigungen und ggf. sogar ungerechtfertigten Sanktionen sollten im Vorfeld Kriterien geschaffen werden, die die Zulässigkeit von Informationen definieren.[56]

Wie bereits dargestellt wird nur die Weitergabe derjenigen schadensstiftenden Informationen als Whistleblowing angesehen, die nicht für die allgemeine Öffentlichkeit zugänglich und als solche erkennbar sind.[57] Ein eingerichtetes Whistleblowing-System trägt somit erheblich – vorausgesetzt es liegt kein Fall von vorsätzlichem Betrug durch die Unternehmensführung vor – zum kontinuierlichen Verbesserungsprozess im Unternehmen bei. Ein solches System fördert die Abwendung von einer Kultur des Wegschauens. Durch die aufmerksame Registrierung und Weitergabe eines beobachteten Missstandes trägt jedes Mitglied der Gesellschaft zu einem sozialverträglichen und toleranteren Miteinander bei.[58] Sofern sich jeder Whistleblower an das Prinzip der „ehrlichen Meldung" hält und von bloßem Denunziantentum oder leichtfertig getätigten Anschuldigungen gegenüber Kollegen oder Vorgesetzten durch nicht belegbare Informationen hält, bleibt die Voraussetzung für eine vertrauensvolle Unternehmensethik erhalten.

---

[55] Siehe dazu Siller, in: Gabler-Wirtschaftslexikon online, abzurufen unter: http://wirtschaftslexikon.gabler.de/Definition/fraud.html, letzter Abruf: 15.4.2017.
[56] Vgl. Simon/Schilling, BB 2011, 2421, 2423.
[57] Siehe dazu Abschnitt 2.1.3.
[58] So auch Auer, CB 2013, 1, 2.

2.1.6 Zwischenfazit

Nachdem die grundlegenden Bestandteile des Whistleblowings in ihren unterschiedlichen Ausprägungen dargestellt wurden, wird ein kurzes Zwischenfazit gezogen.

Whistleblowing sollte grundsätzlich und ausschließlich aus ehrlichen Motiven seitens des Hinweisgebers in Bezug auf eine sachlich richtige und ausreichende Informationsbasis stattfinden. Selbst wenn das Risiko, auf welches er durch seine Informationsweitergabe hinweist, nicht eintritt, so sollte er zum Wohle des Unternehmens und der Öffentlichkeit gehandelt haben.

Betrachtet man die entgegennehmende Stelle, so lässt internes Whistleblowing insgesamt mehr Vorteile erkennen als die Informationsweitergabe an externe Dritte. Indem die sensiblen Informationen innerhalb der Organisation verbleiben, sinkt das Risiko der viralen Ausbreitung erheblich. Imageschäden können für das Unternehmen wirksamer und kontrollierter vermieden werden, wenn die Herrschaft über die Informationen im Unternehmen bzw. bei berufsverschwiegenen Stellen verbleibt.

Wie aus den vorangegangenen Überlegungen hervorgeht, ist es für eine Organisation ratsam, sich für die anonyme (zumindest vertrauliche) Art der Kommunikation zu entscheiden. Durch eine anonymisierte Meldung von Missständen kann die Hemmschwelle für den Hinweisgeber leichter abgebaut werden, da er keine Repressalien zu befürchten hat. Aus bereits dargestellten Gründen sollte es im Interesse des Hinweisgebers selbst liegen, die weitergegebenen Informationen so konkret wie möglich mitzuteilen, um etwaige Rückfragen aus Unklarheiten zu verhindern. Die Missstände müssen so definiert sein, dass belastbare Ermittlungen durch entsprechende Stellen in der Folge möglich sind. Der Gehalt der Meldung sollte dem Whistleblower ebenso bewusst sein. Er sollte sich über die (potenziellen) Folgen seiner Meldung bewusst sein und abwägen, ob der Inhalt der Informationen für diese Folgen ausreichend erscheint. Eine Empfehlung, wann bereits ein Verdacht geäußert werden kann und wo es sich eher empfiehlt, eine Beschuldigung anhand konkreter Beweise vorzutragen, kann pauschal nicht gegeben werden und hängt von den Gegebenheiten des Einzelfalls ab.

Die genannten Merkmale stellen insgesamt die Grundpfeiler eines wirksamen Whistleblowing-Systems dar. Die wesentlichen Anforderungen an die Organisation werden im folgenden Abschnitt ausgeführt.

2.2 Whistleblowing im Kontext der Unternehmung

Für die Unternehmensleitung ist es grundsätzlich von hoher Bedeutung, frühzeitig und verlässlich von Regelverstößen zu erfahren. So können vor allem Imageschäden und Geldbußen vermieden werden.[59] Dazu ist es notwendig, Whistleblowing sowohl bei internen als auch externen Systemen als innerbetrieblichen Prozess anzusehen, um klare und systematische Vorgehensweisen einzuführen, die es beiden Parteien ermöglichen, möglichst effektiv mit Hinweisen umzugehen.[60] Dazu gehört einerseits die Meldung von Informationen durch den Hinweisgeber an zuständige Stellen sowie andererseits die konsistente Entgegennahme und Verarbeitung dieser Informationen, um die Missstände durch darauf folgende Handlungen zu unterbinden. Ohne diese Prozess-Sichtweise würde jede Weitergabe von Hinweisen als Einzelereignis betrachtet werden. Die Risiken dieser Ausprägung liegen insbesondere darin begründet, dass keine konsistente Bearbeitung der Hinweise erfolgt. Dies wiederum kann vermeidbare Informationsasymmetrien mit sich bringen. Die Prozess-Sichtweise führt zu einem gesteigerten Vertrauen in das Hinweisgebersystem, insbesondere seitens der Arbeitnehmer und der Öffentlichkeit, da diese Interessensgruppen von einer effektiven Bearbeitung ihrer Informationen ausgehen können.[61]

---

[59] Vgl. Simon/Schilling, BB 2011, 2421.
[60] Diese Ansicht wird auch in Chartered Institute of Internal Auditors (2014), S. 4 vertreten. Demnach heißt es: „Whistleblowing should be part of the internal control environment".
[61] So auch Donato, 2009, 180.

2.2.1 Whistleblowing-System als Prozess

Um das Whistleblowing-System als Prozess zu veranschaulichen, wird auf die Arbeiten von *Near/Miceli* verwiesen.[62]

Demnach sind in einen Whistleblowing-Prozess mindestens vier Elemente involviert:[63]

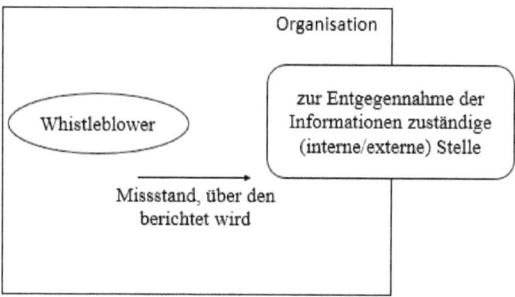

Eigene Darstellung

Nach *Donato* gliedert sich der Prozess in fünf wesentliche Prozessschritte:[64]

1. Eintritt eines triggering events[65]
2. Beurteilung dieses events durch den Hinweisgeber
3. Entscheidung zur Weitergabe der Information an die zuständige Stelle (Whistleblowing)
4. Aufnahme und Verarbeitung der Informationen
5. Reaktion der Whistleblowingstelle und Beurteilung durch den Whistleblower

Dabei können die Punkte 1 und 2 gedanklich zusammengelegt werden, da ohne Eintritt des triggering events keine Beurteilung eines solchen durch den Hinweisgeber möglich wäre.

---

[62] Insb. Near/Miceli 1985 und 1992.
[63] Near/Miceli, Journal of Business Ethics 1985, Vol. 4, No. 1, 1, 2.
[64] Donato, 2009, 180.
[65] Kann etwa mit dem Begriff „auslösendes Ereignis" übersetzt werden, Vgl. http://www.linguee.de/englisch-deutsch/uebersetzung/triggering+event.html, letzter Abruf: 28.2.2017.

Aus Sicht des Unternehmens können insbesondere die Punkte 4 und 5 aktiv beeinflusst werden, da hier die Handlungsmacht im Wesentlichen beim Unternehmen selbst liegt. So muss die Geschäftsleitung bei der Einführung eines Hinweisgebersystems Maßnahmen einleiten, die dem Hinweisgeber ein sicheres und glaubwürdiges Gefühl vermitteln, dass die Information zum Wohle der Behebung des Missstandes verarbeitet wird. Dazu gehört auch eine Rückmeldung an den Whistleblower, dass die Informationen über den Missstand vollständig eingegangen sind, die Anonymität des Whistleblowers gewahrt bleibt und weitere Aktionen unternommen werden, um den Hinweisen nachzugehen. Es liegt im Ermessen des Unternehmens, ob die Rückmeldung an den Hinweisgeber ein standardisierter Text ist oder der Hinweisgeber individuell angeschrieben bzw. angesprochen wird. Je persönlicher der Kontakt zwischen den Parteien jedoch ausgestaltet ist, desto mehr Vertrauen wird der Hinweisgeber in die zuständige Stelle setzen. Dies resultiert insbesondere aus dem Gefühl *„Ich werde ernst genommen"* und *„Man kümmert sich um mein Anliegen"*.

Die Geschäftsleitung kann das Whistleblowing weiterhin von vornherein aktiv mit Anreizen beleben.[66] Von den Faktoren, die *Near/Miceli* nennen (diese sind: Motivation, Gegebenheiten, individuelle Charakteristika), kann die Unternehmung lediglich die Motivation und äußeren Gegebenheiten beeinflussen.

2.2.1.1 Motivation

Die Motivation des Hinweisgebers sollte darin bestehen, durch die Weitergabe von Informationen einen wesentlichen Beitrag zur Behebung des Missstandes zu leisten. Er löst eine Kette von Aktionen in der Unternehmung aus. Diese führt im besten Fall zu merklichen Veränderungen, bis hin zur Behebung des Missstandes.

Weitergedacht sollte auch das Unternehmen eine Motivation zum Betrieb eines aktiven Whistleblowing-Systems erkennen, Mitarbeiter zur Abgabe von Informationen zu bewegen. Dies kann die Unternehmensleitung durch geeignete organisatorische Gegebenheiten aktiv vorantreiben. Ein wichtiger Faktor für das Unternehmen ist dabei die Abhängigkeit von der Person des Whistleblowers.[67] Gründe hierfür könnten beispielsweise besonderes Knowhow und Erfahrung oder Kontakt zu großen Kunden oder Lieferanten sein. Weiterhin kann ein Mitarbeiter

---

[66] Vgl. Near/Miceli, Journal of Business Ethics 1985, Vol. 4, No. 1, 1, 6.
[67] Ähnlich sehen es auch Near/Miceli, Journal of Business Ethics 1985, Vol. 4, No. 1, 1, 11.

wichtig für das Unternehmen sein, wenn er ein gutes Verhältnis zu den Mitarbeitern pflegt und somit für ein angenehmes Betriebsklima sorgt. Eine schlechte Arbeitsmarktsituation führt regelmäßig dazu, dass neues und qualifiziertes Personal schwer erhältlich ist.

Die genannten Faktoren sind insbesondere in mittelständischen Unternehmen von hoher Bedeutung. KMU haben im Vergleich zu börsennotierten Unternehmen und Konzernen weniger Möglichkeiten, aus fachlich qualifiziertem Personal auszuwählen.[68]

2.2.1.2 Äußere Umstände

Der zweite Faktor, der vom Unternehmen aktiv beeinflusst werden kann, sind die äußeren Umstände rund um den Hinweisgeber. Ein wesentlicher Aspekt ist hierbei die Bestätigung des Whistleblowers durch seine Umwelt. Wenn z. B. ein weiterer Kollege von dem aufgedeckten Missstand erfährt und den Whistleblower in seinem Vorhaben (der Aufdeckung des Missstandes) unterstützt, wird dies den Hinweisgeber zusätzlich motivieren. Diese Bestätigung kann auch von Führungspersonen entgegengebracht werden. Dabei muss nicht immer die Information i. e. S. bestätigt und befürwortet werden, sondern vielmehr zunächst die Tatsache, dass der Mitarbeiter den Mut gefasst hat, die Information an eine vertrauliche Stelle heranzutragen, um Schaden vom Unternehmen abzuwenden.[69] Selbst diese einfache Anerkennung stellt für den ersten Moment ein positives Feedback dar. Eine Weitergabe der Informationen an Außenstehende oder gar die breite Öffentlichkeit ist unbedingt seitens der Unternehmensführung zu verhindern. Sensible Informationen außerhalb des Unternehmens können regelmäßig virale Verbreitung erfahren. Ein möglicher Imageschaden sowie ggf. Schadensersatzansprüche (geschädigter Verbraucher) werden unkontrollierbar.

---

[68] So eine Studie des Nürnberger Instituts für Arbeitsmarkt- und Berufsforschung (IAB), Vgl.: http://www.sahhoch3.de/news/fachkraefte-mangel-mitarbeiter-kmu-sahhoch3-eintrag_91.html, letzter Abruf: 1.2.2017.
[69] In Abschnitt 2.1.2. wurde festgelegt, dass die Weitergabe von Informationen aus böswilligen Motiven nicht unter das Whistleblowing fallen.

2.2.1.3 Zwischenfazit

Near/Miceli nennen wesentliche Vorschläge, um den Prozess des Whistleblowing effektiv zu gestalten, von denen die Folgenden zusammenfassend genannt werden:[70]

1. Informationen der Hinweisgeber sollten von weiteren Zeugen unterlegt werden können und vom Hinweisgeber selbst klar als Missstand identifiziert werden. Außerdem sollte die Information von einer eindeutig zuständigen Stelle im Unternehmen entgegengenommen werden.
2. Reaktionen auf die Informationen sollten zeitnah erkennbar werden.
3. Die Information des Whistleblowers sollte ausreichende Relevanz für das gesamte Unternehmen haben, um von Vergeltungsmaßnahmen und Sanktionen befreit zu bleiben.
4. Die Unternehmenskultur sollte Whistleblowing unterstützen. Die Unternehmensleitung sollte diese Einstellung außerdem durch aktives Vorleben verkörpern.

Indem die Unternehmensleitung also das Whistleblowing als Prozess ansieht, können Maßnahmen und Regelungen implementiert werden, die einen effektiven Prozess und somit einen messbaren Erfolg ermöglichen. Würde das Hinweisgeben nur situativ vom Unternehmen behandelt werden, könnten strukturierte Prozessoptimierungen nicht stattfinden.

2.2.2 Der Whistleblowing-Prozess innerhalb der Unternehmensstruktur

Wird ein gutes Hinweisgebersystem also als Prozess verstanden, hat dieser grundsätzlich Auswirkungen auf sämtliche Ebenen einer Organisation, da jedes Organisationsmitglied Zugang zu diesem System haben sollte.

---

[70] Near/Miceli Near/Miceli, Journal of Business Ethics 1985, Vol. 4, No. 1, 1, 8. Insgesamt nennen die Autoren neun Vorschläge, die jedoch nur teilweise sinnvoll für diese Arbeit verwendet werden können.

2.2.2.1 Compliance und Corporate Governance

Compliance kann im Wesentlichen als „Ergreifen von Maßnahmen, die die Einhaltung gesetzlicher Vorschriften und unternehmensinterner Regelwerke gewährleisten sollen"[71], verstanden werden. Eine wesentliche Aufgabe einer Compliance-Abteilung besteht also in der Überwachung der ordnungsgemäßen Corporate Governance des Unternehmens.

Eine begriffliche Definition zur Corporate Governance findet sich in der Präambel des DCGK:[72]

> „Der Deutsche Corporate Governance Kodex (der "Kodex") stellt wesentliche gesetzliche Vorschriften zur Leitung und Überwachung deutscher börsennotierter Gesellschaften (Unternehmensführung) dar und enthält international und national anerkannte Standards guter und verantwortungsvoller Unternehmensführung."

Wichtiges Ziel einer guten Corporate Governance ist der Abbau von Informationsasymmetrien zwischen der Unternehmensleitung und den Stakeholdern.[73] Das notwendige Vertrauen, das insbesondere Eigentümer und Kapitalgeber[74] für die Entscheidung zur Begebung von Kapital benötigen, muss seitens der Unternehmensleitung gestärkt und aufrechterhalten werden.[75]

Die Ziele der Corporate Governance und des Whistleblowing haben also weitreichende Schnittmengen. Somit erscheint die Verbindung zwischen diesen beiden Bereichen durchaus sinnvoll.

2.2.2.2 Hinweisgeberstelle

Die Implementierung einer zur Entgegennahme der Hinweise zuständigen Stelle stellt per se eine unternehmerische Entscheidung dar, die auf höchster Ebene, nämlich in der Geschäftsführung, dem Vorstand bzw. zwischen den Eigentümern, zu diskutieren ist. Explizite Auswirkungen hat ein Hinweisgebersystem auf die Bereiche Compliance, Qualitätsmanagement, interne Kontrollsysteme, Recht und

---

[71] Simon/Schilling, BB 2011, 2421.
[72] Abzurufen unter: http://www.dcgk.de/de/kodex.html, letzter Abruf: 15.4.2017.
[73] Ebd.
[74] Hier sind v.a. Eigenkapitalgeber, Investoren oder Kreditinstitute gemeint.
[75] Vgl. auch Donato, 2009, 152.

Personalwesen.[76] Dabei ist die Einrichtung eines Hinweisgebersystems keinesfalls gleichbedeutend mit dem Eingestehen der Unternehmensleitung, dass tatsächlich Missstände vorliegen.[77] Vielmehr liegt hier – wie bereits ausgeführt – das Ziel der Prävention von Missständen.

Die genannten Bereiche kommen also aufgrund ihrer originären Fachdisziplinen für eine interne Whistleblowingstelle in Frage.[78] Sämtliche dieser Stellen haben regelmäßig Kontakt zu sensiblen Informationen und Prozessen, wodurch den jeweiligen Mitarbeitern ein gewisser Grad an Verschwiegenheit und Vertraulichkeit per se abverlangt wird.

Eine wesentliche unternehmerische Entscheidung im Hinblick auf die Einrichtung eines Hinweisgebersystems ist die Wahl der geeigneten Medien, durch die ein Whistleblower vertraulich Informationen melden kann. In Frage kommen etwa eine Telefonhotline, eine eigene Email-Adresse oder Briefkastensysteme. Letzteres Medium (wie wohl auch das Fax) wird voraussichtlich im Zuge der voranschreitenden Digitalisierung nach und nach als geeignetes Kommunikationsmittel an Bedeutung verlieren. Bei der Einrichtung einer zuständigen Stelle ist deren Aufgabengebiet von vornherein klar zu bestimmen. Nach *Auer* liegt der Aufgabenbereich in der Entgegennahme von „Mitteilung[en] gravierender Rechtsverstöße, die auch nicht zwischen zwei Parteien geschlichtet werden sollen, sondern denen nachgegangen werden soll, die aufgeklärt werden und ggf. geahndet werden sollen".[79]

Eine Klärung des Konflikts ist also nicht durch die Whistleblowing-Stelle zu erwarten. Die Klärung wird von geeigneter Seite im Nachgang der Meldung nach Sammlung fundierter Hinweise und Belege angestrebt. Zu diesem Zweck sollte unbedingt berücksichtigt werden, dass eventuell notwendige Nachfragen durch die entgegennehmende Stelle unter Wahrung absoluter Vertraulichkeit möglich sein sollten. Insbesondere bei der anonymen Weitergabe der Informationen sollte

---

[76] Sicherlich sind diese Stellen im Unternehmen nicht immer einwandfrei zu differenzieren. Je nach Unternehmensstruktur kann der Einfluss des Hinweisgebersystems auf diese Bereiche unterschiedlichen Gewichts sein.
[77] So auch Chartered Institute of Internal Auditors, 2014, 4.
[78] Gerade bei mittelständischen Unternehmen sind separate Compliance-Abteilungen oder Interne Revisionsstellen selten zu finden. Hier kommen eher Controlling- oder Personalabteilungen in Frage.
[79] Auer, CB 2013, 1.

diese Möglichkeit bestehen, um Missverständnisse zu vermeiden und die Vollständigkeit der Informationen zu gewähren.[80]

2.2.2.3 Betriebsvereinbarungen

Gemäß § 1 Abs. 1 Satz 1 BetrVG ist es für Betriebe, in denen mindestens fünf ständig wahlberechtigte Arbeitnehmer tätig sind, möglich, einen Betriebsrat zu wählen. Sämtliche Gruppierungen im Umfeld des Unternehmens (Betriebsrat, Gewerkschaften und Arbeitgebervereinigungen) sind nach § 2 Abs. 1 BetrVG dazu verpflichtet, miteinander im Rahmen der bestehenden Regelungen zum Wohle des Unternehmens zu agieren. Diese Regelungen stellen einen Teil der sog. *magna carta* der Betriebsverfassung dar, d. h. eine wesentliche Kernaussage des Gesetzes. So kann zur *magna carta* ebenfalls das Mitbestimmungsrecht der Arbeitnehmer gemäß § 87 BetrVG gezählt werden.[81]

Falls im Unternehmen ein Betriebsrat eingerichtet wurde, hat dieser die in § 80 Abs. 1 BetrVG genannten Aufgaben zu erfüllen. In Bezug auf das Whistleblowing hat § 80 Abs. 1 Nr. 1 BetrVG wesentliche Bedeutung, da hierin die Überwachung der Einhaltung der Compliance durch den Arbeitgeber an den Betriebsrat übertragen wird. Insbesondere sind die Einhaltung bestehender Arbeitnehmerschutzgesetze, wie z. B. das Arbeitsschutzgesetz, die Arbeitsstättenverordnung oder die Unfallverhütungs-vorschriften, zu überwachen.[82]

Wie kann der Betriebsrat nun für potenzielle Hinweisgeber unterstützend tätig werden? Für jeden Arbeitnehmer besteht über den § 84 Abs. 1 BetrVG ein Beschwerderecht gegenüber einer zuständigen Stelle des Betriebs. Für den Fall, dass ein Arbeitnehmer selbst durch Handlungen oder Gegebenheiten im Unternehmen benachteiligt wird, kann ein Mitglied des Betriebsrats nach Satz 2 zur Unterstützung und Vermittlung herangezogen werden. Weiterhin ist der Arbeitgeber durch den Abs. 2 gesetzlich dazu verpflichtet, bei einer rechtmäßigen Beschwerde des Arbeitnehmers für Abhilfe zu schaffen, ohne dass der Arbeitnehmer etwaige negative Konsequenzen durch seine Meldung zu befürchten hat (Abs. 3). Definiert man die zuständige Stelle im Unternehmen also als Hinweisgeberstelle, so hat §

---

[80] Vgl. auch die Ausführungen in Abschnitt 2.1.1.
[81] So auch Glock/Abeln, 2006, 141.
[82] Vgl. BeckOK ArbR/Werner BetrVG § 80 Rn. 7-22, beck-online.

84 BetrVG einen hohen Wert für den Schutz der Arbeitnehmer im Falle der Meldung von Informationen.

Um einen einheitlichen und für alle Parteien transparenten Prozess zu gewährleisten, bietet sich die Einführung entsprechender Dienst- oder Betriebsvereinbarungen an. Diese werden gesetzlich fundiert durch § 86 BetrVG, wonach Einzelheiten des Beschwerdeverfahrens für alle Parteien verbindlich geregelt werden können. Für den Fall der Meinungsverschiedenheit zwischen dem Arbeitgeber und dem Betriebsrat kann anstelle der Einigungsstelle (§ 76 BetrVG) eine betriebliche Beschwerdestelle installiert werden.

Eine Festlegung durch Betriebsvereinbarungen ist vor allem denjenigen Unternehmen zu empfehlen, in denen ein Betriebsrat eingerichtet ist. Der Betriebsrat ist durch § 85 Abs. 1 BetrVG dazu verpflichtet, Beschwerden seitens der Arbeitnehmer entgegenzunehmen und beim Arbeitgeber auf eine Lösung hinzuwirken. Besteht also ein Betriebsrat, hat eine davon unabhängige Hinweisgeberstelle (z. B. in der Rechts-abteilung oder sogar extern) nur dann Sinn, wenn die Zuständigkeit der Informationsentgegennahme klar und offen geregelt ist. Dem Arbeitnehmer stehen grundsätzlich zwei Optionen bereit, seine Beschwerde zu adressieren. Es muss unmissverständlich bekannt sein, an wen die Meldung zu richten ist, um den gesamten Prozess effektiv durchlaufen zu können.

Darüber hinaus haben Betriebsvereinbarungen nach § 77 Abs. 4 BetrVG unmittelbaren und zwingenden Charakter. Die Rechte und Pflichten aus Betriebsvereinbarungen müssen von Arbeitgeber bzw. Arbeitnehmer befolgt werden.

2.3 Zusammenstellung der Anforderungen an die Ausgestaltung von Whistleblowing-Systemen

Um, wie oben beschrieben, Maßnahmen des Whisteblowings im Unternehmen zu implementieren, müssen bestimmte Anforderungen erfüllt werden, die im Folgenden erarbeitet werden sollen. Diese Liste ist nicht abschließend, jedoch nennt sie die aus der Sicht des Autors wesentlichen Merkmale an ein Whistlowing-System, die zur Erreichung einer vertrauensvollen Unternehmenskultur mindestens erfüllt sein müssen:

Offene Unternehmenskultur

Ein funktionierendes Whistleblowing-System kann nur durch eine offene Organisationskultur eingeführt werden. Diese zeichnet sich durch wechselseitiges Vertrauen zwischen den Arbeitnehmern und den Vorgesetzten aus. Misstrauen in die

Unternehmensleitung hat oftmals zur Folge, dass die Informationen über Missstände aus Angst vor Sanktionen nicht weitergetragen werden. Die Unternehmensleitung hingegen muss kommunizieren, dass jegliche Hinweise, die ernsthaft und belegbar abgegeben werden, hilfreich und erwünscht sind, um einen ordnungsmäßigen Ablauf im Unternehmen zu ermöglichen.

Vertrauenswürdige Hinweisgeberstelle

Liegt eine offene Unternehmenskultur vor, wird es potenziellen Hinweisgebern leichter fallen, die Informationen an die Whistleblowing-Stelle weiterzugeben. Diese muss für die Mitarbeiter eine vertrauliche Anlaufstelle darstellen und das Gespräch aufmerksam und unvoreingenommen führen. Der Mitarbeiter hat somit das Gefühl, ernst genommen zu werden und zur Beseitigung der Missstände aktiv beizutragen.

Eindeutige Regelungen zum Umgang mit Whistleblowing

Der Prozess des Whistleblowing muss im Unternehmen durch eindeutige und zu allen Seiten kommunizierte Regelungen (z. B. Betriebsvereinbarungen) festgelegt sein. Jeder Partei innerhalb dieses Prozesses muss bewusst sein, welche Rolle sie einnimmt und wie die Kompetenzen verteilt sind.

Rückmeldung an den Hinweisgeber

Solange die Informationen über aufgedeckte Missstände innerhalb des Unternehmens bleiben, können die Auswirkungen der Aufdeckung seitens der Unternehmensleitung weitgehend gesteuert werden. Ist die Information erst nach außen gelangt, ist eine virale Verbreitung durch die Öffentlichkeit oft mit Vertrauensverlust bei Stakeholdern und starken Image- oder finanziellen Schäden verbunden.

Der Hinweisgeber muss daher eine Reaktion auf seine Weitergabe der Informationen spüren können. So wird die Wahrscheinlichkeit, dass er sich an Außenstehende richtet, weil im Unternehmen keine Handlungen unternommen werden, deutlich verringert. Die Motivation zu einer aktiven Veränderungskultur wird erheblich verstärkt, wenn die Mitarbeiter Rückhalt und Respekt seitens der Unternehmensleitung erfahren.

Schutz der Hinweisgeber

Um überhaupt Informationsmeldungen im Unternehmen zu erreichen, muss den (potenziellen) Whistleblowern die Angst vor möglichen Repressalien genommen werden. Die Hemmschwelle zur Weitergabe der Information sinkt erheblich, wenn die Hinweisgeber ein sicheres Gefühl der Anonymität haben. Eben dies muss von vornherein klar kommuniziert und von der Unternehmensleitung vorgelebt werden. Sofern die Unternehmensleitung tatsächlich hinter der Einführung des Whistleblowing-Systems steht, sind Diskretion und offene Unternehmenskultur untrennbar miteinander verbunden.

3 Gesetzlicher Rahmen für Whistleblowing-Systeme

Der folgende Abschnitt gibt einen Überblick über die bestehenden gesetzlichen Bestimmungen in Bezug auf Whistleblowing-Systeme in der Privatwirtschaft. Eine Behandlung der Besonderheiten in NGOs oder öffentlichen Verwaltungsorganisationen wird nicht vorgenommen, um den Rahmen dieser Arbeit nicht zu überschreiten.

Die ausführliche Darstellung rechtlicher Rahmenbedingungen ist für die Praxis von wesentlicher Bedeutung. Die Einführung eines Whistleblowing-Systems in der Praxis erfordert einen hohen Aufwand an Zeit und folglich Geld für das Unternehmen. So ist es sinnvoll, den Rechtsrahmen ex ante umfangreich abzustecken, um spätere Nachjustierungen zu vermeiden. Zusätzlich bringt jede Korrektur nach öffentlicher Einführung eines solchen Systems einen Teilverlust von Akzeptanz seitens der Mitarbeiter mit sich, da sie scheinbar nicht vollumfänglich auf die Eigenschaften des Systems vertrauen können.

Das Ziel der Arbeit, nämlich die Erarbeitung eines Kriterienkatalogs für wirksames Whistleblowing in deutschen mittelständischen Unternehmen, soll hier nochmals in Erinnerung gerufen werden. Vor diesem Hintergrund werden internationale und nichtdeutsche nationale Vorschriften im Folgenden nur dann ausführlicher behandelt, wenn deutsche Unternehmen davon betroffen sind. So wird im Folgenden der Sarbanes Oxlex Act aus dem Jahr 2002 als US-amerikanisches Gesetz genannt, da er Auswirkungen auf bestimmte deutsche Unternehmen hat. Regelungen aus Großbritannien, wie etwa der Public Interest Disclosure Act (PIDA) von 1998, werden dagegen nicht näher betrachtet, da aufgrund der Brexit-Entscheidung im Zeitpunkt der Verfassung dieser Arbeit noch nicht sicher ist, inwieweit die derzeitigen Gesetze überhaupt bestehen bleiben. In- und ausländische sowie transnationale Regelungen verfolgen insgesamt ähnliche Zielsetzungen, nämlich die Steigerung der Transparenz des Unternehmens nach innen und außen sowie die Festigung des Vertrauens der Stakeholder in die Unternehmen.

3.1 Pflicht zur Einführung von Whistleblowing-Systemen

Im folgenden Teilabschnitt werden allgemeine Regelwerke und Gesetze für deutsche Unternehmen vor dem Hintergrund des Themenkomplexes Whistleblowing dargestellt und verknüpft. Zunächst soll jedoch ein in der Praxis häufig synonym verwendetes Wortpaar begrifflich definiert und klar voneinander getrennt werden: kapitalmarktorientierte und börsennotierte Unternehmen. Damit können die anschließenden Ausführungen eindeutiger zugeordnet werden.

Den Begriff der kapitalmarktorientierten Kapitalgesellschaft regelt § 264d HGB:

> „Eine Kapitalgesellschaft ist kapitalmarktorientiert, wenn sie einen organisierten Markt im Sinn des § 2 Abs. 5 des Wertpapierhandelsgesetzes durch von ihr ausgegebene Wertpapiere im Sinn des § 2 Absatz 1 des Wertpapierhandelsgesetzes in Anspruch nimmt oder die Zulassung solcher Wertpapiere zum Handel an einem organisierten Markt beantragt hat."

Von wesentlicher Bedeutung im Hinblick auf den nachfolgenden Abschnitt ist hierbei die Regelung des § 2 Abs. 5 WpHG, wonach sich ein organisierter Markt nur im Inland, in einem anderen Mitgliedstaat der Europäischen Union oder einem anderen Vertragsstaat des Abkommens über den Europäischen Wirtschaftsraum befinden kann. Unternehmen, die also an einer US-Börse gelistet sind oder dort Finanzinstrumente handeln, sind nicht kapitalmarktorientiert im Sinne dieser Regelung.[83]

Gleichwohl sind diese Unternehmen börsennotiert. Die Börsennotierung wird in § 3 Abs. 2 AktG definiert:

> „Börsennotiert im Sinne dieses Gesetzes sind Gesellschaften, deren Aktien zu einem Markt zugelassen sind, der von staatlich anerkannten Stellen geregelt und überwacht wird, regelmäßig stattfindet und für das Publikum mittelbar oder unmittelbar zugänglich ist."

Die Börsennotierung verlangt explizit die Ausgabe von Aktien, also Gesellschaftsanteilen, an einem geregelten Markt. Kapitalmarktorientierte Unternehmen können hingegen auch mit Anleihen oder sonstigen Finanzierungsinstrumenten handeln.

Die Marktsegmente der Deutschen Börse können unterteilt werden in den EU-geregelten Markt und den Freiverkehr.[84] Der organisierte Markt im Sinne des § 2 Abs. 5 WpHG umfasst dabei den geregelten bzw. regulierten Markt. Hierzu gehören in Deutschland insbesondere der Prime Standard und der General Standard

---

[83] Vgl. auch Müller, S. / Weller, N., in: Bertram/Brinkmann/Kessler/Müller, Haufe HGB Bilanz Kommentar, § 264d HGB Rz. 4, Stand: 20.10.2016.
[84] Vgl. http://www.boerse-frankfurt.de/inhalt/marktsegmente-ueberblick, letzter Abruf: 15.4.2017.

der Frankfurter Wertpapierbörse.[85] Der Entry Standard ist der Teilmarkt für den Freiverkehr an der Frankfurter Wertpapierbörse. Dieser Markt wird von der Börse selbst reguliert und fällt somit nicht unter die Bestimmungen des § 2 Abs. 5 WpHG.[86]

Zielgruppe dieser Arbeit sollen mittelständische Unternehmen sein. Für diese gibt es mittlerweile ausreichend Angebote, um an bestimmten Märkten in Deutschland Eigen- oder Fremdkapital zu erlangen, wie z. B. die Deutsche Börse (insbesondere im sog. MDax) oder die Mittelstandsbörse Deutschland, einem Handelssegment der Börse Hamburg und der Börse Hannover.[87] Auch aus diesem Grund sind die genannten Definitionen für diese Arbeit relevant.

3.1.1 Auswirkungen des Sarbanes-Oxley Acts

Der Sarbanes-Oxley Act (SOX)[88] wurde im Jahr 2002 als US-amerikanisches Gesetz verabschiedet. Es war eine unmittelbare Reaktion auf diverse Bilanz- und Unternehmensskandale, insbesondere die Konkurse des US-Energiekonzerns Enron und des Mobilfunkbetreibers MCI Worldcom.[89] Durch diese Konkurse verloren nicht nur zahlreiche Anleger ihr investiertes Geld. Auch die Altersvorsorge der Arbeitnehmer, die regelmäßig Mitarbeiteraktien zu diesem Zweck erhielten, ging verloren. Die Zielsetzung des SOX ist die Stärkung des Vertrauens der Anleger und sonstigen Interessensgruppen in die Unternehmensführung, indem insbesondere in den Bereichen Rechnungslegung und Corporate Governance strengere Regelungen zu einer transparenteren Berichterstattung eingeführt wurden.[90] *Hütten/Stromann* nennen als weiterführende mögliche Folgen eines implementierten Whistleblowing-Systems „verbesserte interne Kontrollen und Dokumentationen, zusätzliche Offenlegungspflichten sowie die Trennung und Überwachung bestimmter unternehmensinterner und -externer Funktionen".[91]

---

[85] Vgl. http://www.deutsche-boerse-cash-market.com/dbcm-de/primary-market/marktstruktur/transparenz standards, letzter Abruf: 15.4.2017.
[86] Vgl. Zwirner, 2010.
[87] Weitere Informationen bietet die Homepage der Börsen Hamburg-Hannover: http://www.boersenag.de/Mittelstandsboerse_Deutschland, letzter Abruf: 15.4.2017.
[88] Abrufbar unter https://www.sec.gov/about/laws/soa2002.pdf, letzter Abruf: 15.4.2017.
[89] Vgl. Moritz/Gesse, 2005, 5.
[90] Vgl. Donato, 2009, 50 f.
[91] Hütten / Stromann, BB 2003, 2223.

Die Regelungen des SOX betreffen gemäß Sec. 2 (A) (7) SOX sämtliche Unternehmen, die dem Securities Act of 1933 (SA)[92] und dem Securities Exchange Act of 1934 (SEA)[93] unterliegen.[94] Dies umfasst sämtliche Unternehmen und Tochtergesellschaften, deren Aktien an einer US-amerikanischen Börse notiert sind oder deren Wertpapiere anderweitig der Öffentlichkeit in den USA angeboten werden.[95] Somit sind auch deutsche Unternehmen mit vergleichbaren Geschäftstätigkeiten vom SOX erfasst. Jedoch sind ausländische Unternehmen grundsätzlich von gewissen Umsetzungspflichten des SOX befreit, um Konflikte mit nationalen Rechtsgebungssystemen zu vermeiden.[96]

Die für das deutsche Whistleblowing wesentlich relevanten Abschnitte des SOX sind Sec. 301 (4) (Einrichtung einer Whistleblowing-Stelle) und Sec. 806 (Schutz für Whistleblower). Diese beiden Abschnitte werden im Folgenden näher betrachtet, um eine Beurteilung über die Anwendung des SOX für deutsche Unternehmen zu ermöglichen.

Sec. 806 schützt sämtliche rechtmäßigen Handlungen (Meldungen bzw. Informationsweitergabe) eines Arbeitnehmers über Verstöße aus den Bereichen Rechnungslegung oder Compliance gegen von der SEC erlassene Regelungen oder sonstige Bundesgesetze der USA. Dem Hinweisgeber dürfen keinerlei Handlungen in Bezug auf Entlassung, Herabsetzung, Suspendierung, Bedrohung oder weitere Diskriminierungen zugefügt werden.

Sec. 301 (4) bestimmt die Einrichtung einer Stelle zur Entgegennahme interner Hinweise mit Bezug auf die Rechnungslegung, interne Rechnungslegungskontrollen oder Sachverhalte, die interne oder externe Prüfer betreffen. Den Hinweisgebern muss eine vertrauensvolle und anonyme Möglichkeit zur Verfügung gestellt werden, um die Informationen weiterzugeben. Diese Vorschrift, die innerhalb des gesamten SOX nur wenige Zeilen einnimmt, verlangt von den Unternehmen wesentliche Änderungen innerhalb der Organisationsstruktur. Entschließt sich ein

---

[92] Abrufbar unter https://www.sec.gov/about/laws/sa33.pdf, letzter Abruf: 15.4.2017.
[93] Abrufbar unter https://www.sec.gov/about/laws/sea34.pdf, letzter Abruf: 15.4.2017.
[94] Nähere Erläuterungen zu diesen US-amerikanischen Gesetzen würden den Umfang dieser Arbeit weit übersteigen und werden daher unterlassen. Weitergehende Informationen sind etwa online im Internet zu finden: https://www.sec.gov/about/laws.shtml, letzter Abruf: 28.2.2017.
[95] Vgl. Moritz/Gesse, 2005, 6.
[96] Die Regelungen zum Whistleblowing sind davon nicht betroffen.

Unternehmen zu einer US-Börsennotierung, muss die Unternehmensleitung unmittelbar eine zuständige Stelle einrichten, die geeignet für diese Aufgabe erscheint. Diese und weitere bürokratische Hürden (insbesondere regelmäßige Berichtspflichten an die SEC) führten dazu, dass zahlreiche deutsche Großkonzerne ihre Börsennotierung in den USA zurückzogen.[97]

Insgesamt scheint die fehlende Regelungstiefe des Sarbanes-Oxley Acts für eine wirkungsvolle Umsetzung in der Praxis nicht geeignet.[98] Die Verantwortung zur Ausarbeitung weitergehender Definitionen und Handlungsanweisungen für die anwendenden Unternehmen wurde der SEC übertragen.[99] Die Regelungen sind im Allgemeinen pauschal gehalten, da sie für jede Unternehmensgröße und unterschiedlichste Branchen gelten müssen. Es kann konstatiert werden, dass die reine Umsetzung einer bindenden Gesetzgebung für das Whistleblowing als ein Beispiel für die deutsche Gesetzgebung gelten sollte. Hierfür könnten einige Inhalte des SOX auf die deutschen Gegebenheiten adaptiert werden.

Weitere ausländische Regelwerke, die wesentliche Bedeutung für deutsche Unternehmen bei der Einführung eines Whistleblowing-Systems haben, können nicht identifiziert werden. Daher werden nun in Folgenden deutsche Regelungen aufgeführt.

3.1.2 Deutscher Corporate Governance Kodex

Ein im Bereich der Compliance bedeutendes Regelwerk bietet der Deutsche Corporate Governance Kodex (DCGK). Der DCGK wurde erstmals im Jahr 2002 von einer durch das Bundesjustizministerium berufenen Regierungskommission veröffentlicht.[100] Der Kodex stellt kein für die anzuwendenden Unternehmen verbindliches Recht dar und gilt weder als Gesetz noch als Richtlinie.[101] Der Kodex soll vornehmlich von deutschen börsennotierten und kapitalmarktorientierten

---

[97] Vgl. http://www.boerse-online.de/nachrichten/aktien/Nach-Siemens-Rueckzug-nur-noch-drei-Dax-Konzerne-an-US-Boerse-846176, letzter Abruf: 5.2.2017.
[98] So auch Donato, 2009, 52; Hütten / Stromann, BB 2003, 2223; Lanfermann / Maul, DB 2003, 349.
[99] Vgl. Hütten / Stromann, 2003, 2223.
[100] Vorwort vom Vorsitzenden der Regierungskommission DCGK, 2002, abrufbar unter: http://www.dcgk.de/de/kodex/archiv.html, letzter Abruf: 15.4.2017.
[101] Vgl. Henner, 2004, 27.

Unternehmen beachtet werden, jedoch sind auch alle weiteren Unternehmen dazu aufgerufen, die Regelungen des Kodex zu befolgen.[102]

Ziel dieses Regelwerks ist die Transparenz des deutschen Corporate Governance Systems gegenüber sämtlichen Stakeholdergruppen (insb. Kunden, Mitarbeiter, Öffentlichkeit). Der Kodex wurde explizit nicht vor dem Hintergrund „juristischer Präzision"[103] aufgestellt, sondern soll dem geneigten Leser (d. h. vornehmlich der Unternehmensführung) in allgemein verständlicher Weise Handlungsempfehlungen und gesetzliche Rahmenbedingungen bieten können. Durch die steigende Transparenz soll das Vertrauen der Anleger in die Unternehmen gestärkt werden.

Dabei hat der DCGK nicht den Charakter eines Gesetzes. Stattdessen soll er die Gesetze ergänzen und den Unternehmen die Brücke zur praktischen Anwendung schlagen.[104] Der Vorstand und Aufsichtsrat (bzw. die Unternehmensführung im Allgemeinen) haben die Gesellschaft dem Kodex folgend so zu führen, dass ihr Unternehmen langfristig am Markt fortbestehen kann und eine nachhaltige Wertschöpfung erreicht wird (Unternehmensinteresse).[105]

Der DCGK wird für börsennotierte Unternehmen durch § 161 AktG verbindlich. Dieser fordert von der Unternehmensleitung eine jährliche Erklärung an die Stakeholder, dass dem Inhalt des Kodex im Rahmen der Unternehmensführung gefolgt wurde. Diese Erklärung ist gemäß § 161 Abs. 2 AktG dauerhaft auf der Internetseite des Unternehmens zugänglich zu machen.

In Bezug auf den Themenbereich Whistleblowing treten zwei Regelungen des DCGK hervor. In Punkt 3.8 der Fassung des Jahres 2015 wird von der Unternehmensleitung (Vorstand und Aufsichtsrat) die Führung des Unternehmens nach den Regeln ordnungsgemäßer Unternehmensführung verlangt.[106] Wie diese Regeln inhaltlich konkret ausgestaltet sind, gibt der Kodex nicht vor. Hier wirkt Punkt 5.3.2 annähernd konkreter, als dass diese Regelung dem Aufsichtsrat die Bildung eines Prüfungsausschusses vorschreibt. Dieser Prüfungsausschuss soll unter anderem die Wirksamkeit des Risikomanagementsystems und die Einhal-

---

[102] DCGK, 2015, 2.
[103] Vorwort vom Vorsitzenden der Regierungskommission DCGK, 2002.
[104] Vgl. Donato, 2009, 151.
[105] DCGK, 2015, 1.
[106] DCGK, 2015, Punkt 3.8., S. 1.

tung der Compliance im Unternehmen überwachen.[107] Das Whistleblowing wird hier also maximal mittelbar angesprochen, da es als ein wichtiger (wenn auch nicht zwingender) Bestandteil eines Compliance-Management-Systems implementiert werden sollte.

Eine unmittelbare Vorschrift zur Implementierung eines Hinweisgebersystems gibt der DCGK also nicht. Der DCGK regelt die Verantwortlichkeiten in börsennotierten Unternehmen aus einer Vogelperspektive, ohne sich zu weit in Detailregelungen zu verirren. Hierdurch wird ein pragmatischer Ansatz gewählt, der für die praktische Umsetzung durch die Unternehmensleitung nicht unbedingt von Nachteil sein muss.[108]

3.1.3 Einführung eines Überwachungssystems gemäß § 91 Abs. 2 AktG

In Deutschland wird das Recht der Aktiengesellschaften und weiterer börsennotierter Rechtsformen (z. B. KGaA, SE) im Aktiengesetz (AktG) geregelt. Eine Aktiengesellschaft ist eine Gesellschaft mit eigener Rechtspersönlichkeit, für die insbesondere aufgrund der möglichen Kapitalmarkt- oder Börsennotierung besondere Regelungen gelten.

Eine Regelung, die wesentliche Auswirkungen auf die Compliance und somit potenziell auf Whistleblowing-Systeme hat, findet sich in § 91 Abs. 2 AktG:

> „Der Vorstand hat geeignete Maßnahmen zu treffen, insbesondere ein Überwachungssystem einzurichten, damit den Fortbestand der Gesellschaft gefährdende Entwicklungen früh erkannt werden."

Dieses Gesetz hat seinen Ursprung unmittelbar in dem im Jahr 1998 bekannt gemachten Kontroll- und Transparenzgesetz (KonTraG) und war eine Reaktion auf die Bilanz- und Manipulationsskandale in den USA.[109] Der Vorstand einer AG hat demnach innerhalb seiner Unternehmung für ein angemessenes Risikomanagement und für eine angemessene interne Revision zu sorgen. Durch diese Maßnahmen soll das Vertrauen der Aktionäre sowie weiterer Stakeholder in das Unternehmen verstärkt werden, indem die Transparenz erhöht wird. Der Vorstand hat diese Systeme nicht nur zu implementieren, sondern muss über deren Ausge-

---

[107] DCGK, 2015, Punkt 5.3.2, Satz 1.
[108] So auch Donato, 2009, 153.
[109] Eggemann/Konradt, BB 2000, 503.

staltung und Ergebnisse im Laufe des Geschäftsjahres ebenso innerhalb des (Risiko-) Lageberichts gemäß § 289 Abs. 1 S. 4 HGB berichten.

Zu den „geeigneten Maßnahmen", die das Gesetz nennt, kann aus Sicht des Autors ein funktionierendes Whistleblowing-System gezählt werden. Mit dem Whistleblowing werden Maßnahmen durch den Vorstand unterstützt, die das Zutragen sensibler und möglicherweise schwer zugänglicher Informationen ermöglicht. Somit sind Risiken leichter erkennbar, um frühzeitig Schaden vom Unternehmen abzuwenden. Der Zweck des Gesetzes wird also erfüllt.

3.1.4 Risikoberichterstattung im Konzernlagebericht gemäß DRS 20

Die Deutschen Rechnungslegungsstandards (DRS) werden vom Deutschen Rechnungslegungs Standards Committee (DRSC) entwickelt und veröffentlicht. Das DRSC hat eine beratende und auf internationaler Ebene vertretende Funktion für den deutschen Gesetzgeber, insbesondere für Themen der Konzernrechnungslegung.[110] Die Standards werden gemäß § 342 Abs. 2 HGB für Unternehmen dahingehend verpflichtend, als dass sie den Grundsätzen ordnungsmäßiger Buchführung (GoB) folgen und diese ergänzen. Die GoB sind nach § 238 Abs. 1 S. 1 HGB verpflichtend für jeden Kaufmann zu befolgen.

Der Deutsche Rechnungslegungsstandard 20 (DRS 20) ist im Jahr 2012 in Kraft getreten und löste die bis dahin geltenden *DRS 15 - Lageberichterstattung, DRS 5 - Risikoberichterstattung, DRS 5-10 - Risikoberichterstattung von Kredit- und Finanzdienstleistungsinstituten* sowie *DRS 5-20 - Risikoberichterstattung von Versicherungsunternehmen* ab. Der Standard regelt und konkretisiert die Anforderungen an die Lageberichterstattung deutscher Unternehmen, sowohl für pflichtgemäß, als auch für freiwillig aufgestellte Lageberichte.[111]

Der Lagebericht wird im Allgemeinen getrennt vom Jahresabschluss aufgestellt und ist kein Bestandteil von diesem.[112] Er soll dem Adressaten dabei Informationen aus Sicht der Unternehmensleitung vermitteln, die nicht aus dem stichtagsbezogenen Jahresabschluss ersichtlich sind. Diese sind beispielsweise im Wirt-

---

[110] Vgl. Vorbemerkung zum DRS 20.
[111] Vgl. DRS 20 1. und 5.
[112] Vgl. § 264 Abs. 1 Satz 1 HGB.

schaftsbericht, Prognose- und Risikobericht oder im Bericht über das interne Kontroll- und Risikomanagementsystem anzugeben.[113]

Konkrete Auswirkung des DRS 20 auf das Whistleblowing in deutschen Unternehmen weist DRS 20 K224 ff. auf, in denen gemäß § 315 Abs. 5 HGB i. V. m. § 289a HGB die Unternehmensführung börsennotierter Aktiengesellschaften eine Erklärung innerhalb des Konzernlageberichts aufzunehmen hat, in der unter anderem der Befolgung des DCGK entsprochen wird.[114] Wie im vorangehenden Abschnitt dargestellt, hängen die Regelungen des DCGK und das Whistleblowing zusammen. Demnach sind also Bestandteile und Handlungen der Unternehmensführung zur Einhaltung von Compliance zu nennen, die über die gesetzlichen Vorgaben hinausgehen. Zusätzlich ist anzugeben, an welcher Stelle weiterführende Angaben zu diesen Praktiken im Unternehmen zu finden sind.[115]

Ein funktionierendes Hinweisgebersystem hat wie bereits dargestellt das Ziel höherer Transparenz in die Führung des Unternehmens inne. Durch die frühzeitige Meldung geeigneter Informationen können Missstände frühzeitig erkannt und eliminiert werden. Das Schadensrisiko des Unternehmens kann deutlich reduziert werden. Aus diesem Grund ist das System zur Förderung von Whistleblowing ein geeignetes Instrument des Risikomanagements und sollte demnach in der Erklärung der Unternehmensführung enthalten sein.

3.1.5 Pflicht zur Einrichtung eines internen Hinweisgebersystems gemäß § 25a Abs. 1 Satz 6 Nr. 3 KWG

Ein spezielleres Gesetz stellt hingegen das Kreditwesengesetz (KWG) dar, da es sich nur auf Unternehmen bestimmter Branchen bezieht und somit nicht für jedes Unternehmen anwendbar ist. Das KWG gilt demnach gemäß § 1 Abs. 1b KWG für Kredit- und Finanzdienstleistungsinstitute. § 25a KWG regelt besondere organisatorische Pflichten für diese Institute. Er verpflichtet die Institute grundsätzlich zur Einrichtung geeigneter Kontrollverfahren und Einrichtungen, um eine ordnungsgemäße Geschäftsorganisation zu gewährleisten (Abs. 1 S. 1). In Abs. 1 Satz 6 Nr. 3 wird explizit die folgende Regelung genannt:

---

[113] Vgl. Pellens, 2011, 991.
[114] Vgl. DRS 20 K227.
[115] Vgl. DRS 20, K229.

„Eine ordnungsgemäße Geschäftsorganisation umfasst darüber hinaus einen Prozess, der es den Mitarbeitern unter Wahrung der Vertraulichkeit ihrer Identität ermöglicht, Verstöße gegen [...] etwaige strafbare Handlungen innerhalb des Unternehmens an geeignete Stellen zu berichten."[116]

Es wird also explizit die Einrichtung einer Whistleblowing-Stelle durch die Institute vorgeschrieben.

3.1.6 Einrichtung einer Hinweisgeberstelle für bei der BaFin gemäß § 4d FinDAG

Ein weiteres Spezialgesetz ist das Finanzdienstleistungsaufsichtsgesetz (FinDAG). Nach Art. 9 des ersten Gesetzes zur Novellierung von Finanzmarktvorschriften auf Grund europäischer Rechtsakte (1. FiMaNoG) vom 30.6.2016 wurde § 4d FinDAG in seiner aktuell geltenden Fassung verabschiedet. Die Transformation in deutsches Recht folgt mehreren europarechtlichen Vorgaben, auf die hier nicht weiter eingegangen werden soll.[117]

Zentraler Inhalt des Gesetzes bildet Absatz 1, der lautet:

„Die Bundesanstalt errichtet ein System zur Annahme von Meldungen über potentielle oder tatsächliche Verstöße gegen Gesetze, Rechtsverordnungen, Allgemeinverfügungen und sonstige Vorschriften sowie Verordnungen und Richtlinien der Europäischen Union, bei denen es die Aufgabe der Bundesanstalt ist, deren Einhaltung durch die von ihr beaufsichtigten Unternehmen und Personen sicherzustellen oder Verstöße dagegen zu ahnden. Die Meldungen können auch anonym abgegeben werden."

Dieses System in Form einer Kontaktstelle wurde mit Wirkung zum 2.7.2016 eingerichtet.[118] Die Meldungen können schriftlich (elektronisch oder Papierform), telefonisch (mit oder ohne Aufzeichnung) oder mündlich (persönlich gegenüber Mitarbeitern der BaFin) abgegeben werden.[119]

---

[116] Die Nr. 3 wird hier bewusst gekürzt, da der Auffangtatbestand „etwaige strafbare Handlungen" für das Verständnis dieser Regelung ausreicht.
[117] Siehe dazu Johnson, CB 2016, 468.
[118] Meldung der BaFin vom 1.7.2016, abrufbar unter: https://www.bafin.de/SharedDocs/Veroeffentlichungen/DE/Pressemitteilung/2016/pm_16 0701_hinweisgeberstelle.html, letzter Abruf: 15.4.2017.
[119] Ebd.

Inhaltlich wendet sich die Vorschrift des § 4d FinDAG an die von der BaFin beaufsichtigten Unternehmen oder Personen bzw. solche Unternehmen oder Personen, auf die für Institutionen typische Dienstleistungen ausgelagert werden. Diese sind insbesondere nach § 4 Abs. 1a S. 2 FinDAG Institute und Unternehmen, „die nach dem Kreditwesengesetz, dem Zahlungsdiensteaufsichtsgesetz, dem Versicherungsaufsichts-gesetz, dem Wertpapierhandelsgesetz, dem Kapitalanlagegesetzbuch sowie nach anderen Gesetzen beaufsichtigt werden". Beispielsweise fallen darunter Kreditinstitute oder Versicherungsgesellschaften.

Es bleibt jedoch zu hinterfragen, ob eine zusätzliche Stelle zur Entgegennahme von Hinweisen außerhalb des Unternehmens im Hinblick auf § 25a Abs. 1 S. 6 Nr. 3 KWG überhaupt notwendig und sinnvoll ist. Zumindest die dem KWG unterliegenden Unternehmen sind demnach bereits verpflichtet, eine interne Stelle zu schaffen. Diese droht durch die BaFin nun geschwächt zu werden, indem zumindest das Alleinstellungsmerkmal dieser internen Stelle als einziger Anlaufposten für Whistleblower eliminiert wurde. Der Druck auf die Qualität eines internen Systems zur Förderung des Whistleblowings steigt somit. Es bleibt abzuwarten, wie sich diese Inkonsistenz gesetzlicher Regelungsabstimmung in der Praxis auswirkt.

Inhaltlich dürften beim § 4d FinDAG besonders die grundsätzliche Anonymität des Hinweisgebers sowie das außer Kraft setzen der Möglichkeit etwaiger Maßregelungen durch den Arbeitgeber und vertraglicher Beschränkungen zur Abgabe von Hinweisen (§ 4d Abs. 6 und 7 FinDAG) große Strahlungswirkung entfalten. Jedoch sind aus Sicht des Hinweisgebers entscheidende Details zu beachten. Die Anonymität des Hinweisgebers wird dahingehend beschränkt, als dass die Identität bei nachfolgenden Ermittlungen oder auf gerichtlichen Beschluss weitergegeben werden darf. Besonders in Fällen, in denen erhebliche Missstände aufgedeckt werden, ist eine gerichtliche Untersuchung in der Folge keine Seltenheit. So kann in einem solchen Fall praktisch immer davon ausgegangen werden, dass das Gericht eine entsprechende Anordnung ausgibt oder die Staatsanwaltschaft gemäß § 161 StPO ihrer grundsätzlichen Ermittlungsbefähigung nachgeht.[120] Umso mehr wird die Gefahr der Aufhebung der Anonymität konkreter, wenn Beschuldigte gemäß § 4d Abs. 8 FinDAG ihr Recht auf Akteneinsicht verlangen. In diesen Fällen

---

[120] Vgl. Johnson, CB 2016, 468, 470.

ist der Hinweisgeber dann nicht nur der Staatsanwaltschaft bekannt, sondern auch dem Beschuldigten.

Es ist grundsätzlich stark zu begrüßen, dass mögliche negative Reaktionen des Arbeitgebers für den hinweisgebenden Mitarbeiter eingeschränkt werden. Nur so kann eine angstfreie und offene Weitergabe der Hinweise gewährleistet werden. Beachtenswert ist § 4d Abs. 6 2. HS FinDAG, der diese Regelung außer Kraft treten lässt, wenn der Mitarbeiter die Hinweise „vorsätzlich oder grob fahrlässig unwahr" abgibt. Wie bereits in Abschnitt 2 festgestellt, liegt in dieser Formulierung großer Spielraum. Es wäre wünschenswert, wenn diese nicht rein objektiv zu beurteilende Regelung vom Gesetzgeber weiter ausgeführt würde, um die Abgrenzung zwischen *Gutem Willen* und *tatsächlichem Vorsatz falscher Informationsweitergabe* zu konkretisieren.

Insgesamt bleibt also festzuhalten, dass diese Regelung des FinDAG gute Ansätze bietet, die jedoch eher auf interne Whistleblowingsysteme adaptiert werden sollten. Die gesetzliche Vorgabe einer zusätzlichen externen Stelle stellt zum jetzigen Zeitpunkt noch keinen unmittelbaren Mehrwert zu den bisher praktizierten Systemen dar. Die Einrichtung einer solchen Stelle übt zumindest Druck auf bereits installierte interne Stellen und der umliegenden Organisation in den Unternehmen aus.

3.1.7 Analogien für den Mittelstand

Die diskutierten Regelungen sind insgesamt insbesondere für kapitalmarktorientierte Unternehmen bestimmt, die zum Teil spezielle Märkte zur Durchführung ihrer Geschäfte oder zur Unternehmensfinanzierung ansprechen. Diese Kriterien dürften jedoch auf einen Großteil der deutschen mittelständischen Unternehmen nicht zutreffen, da diese keinen Zugang zu Kapitalmärkten haben oder in ihrer Unternehmensstruktur nicht von den genannten Gesetzen tangiert werden. Trotzdem können Analogien aus diesen Spezialgesetzen gezogen werden, um die enthaltenen Regelungen auf den gesamten Mittelstand auszuweiten.

So kann der DCGK auch von nicht börsennotierten Unternehmen beachtet werden. Insbesondere im Bereich Compliance und Risikomanagement können die grundsätzlichen Regelungen von mittelständischen Unternehmen adaptiert werden. Die grundsätzliche Aussage des DCGK, nämlich die Einhaltung der Compliance im Rahmen einer ordnungsgemäßen Unternehmensführung, ist rechtsform- und größenunabhängig auszulegen.

In diesem Kontext kann ein strukturiertes Überwachungssystem, wie es das Aktiengesetz für Aktiengesellschaften und weitere börsennotierte Rechtsformen, sowie das KWG bzw. das FinDAG fordern, auch von KMU eingeführt werden. Die weitergehenden Ansprüche an ein solches System können auf die jeweilige Größe des anwendenden Unternehmens heruntergebrochen werden. Einige der für börsennotierte Gesellschaften notwendigen Anforderungen können somit außer Acht gelassen werden, was dem anwendenden Unternehmen ein übersichtlicheres Bild über die Mindestanforderungen gibt und rechtliche Vorgaben entflechtet.

Der folgende Unterabschnitt zeigt weiterführend eine allgemeine Regelung für Unternehmen und andere Organisationen auf, die in Bezug auf die Implementierung eines Hinweisgebersystems beachtet werden sollte.

3.1.8 Aufsichtspflicht des Unternehmers i. S. d. § 130 OWiG

§ 130 Abs. 1 OWiG regelt die Pflicht zur Einrichtung von Aufsichtsmaßnahmen, „um in dem Betrieb oder Unternehmen Zuwiderhandlungen gegen Pflichten zu verhindern, die den Inhaber treffen und deren Verletzung mit Strafe oder Geldbuße bedroht ist". Eine schuldhafte (d. h. vorsätzliche oder fahrlässige) Unterlassung dieser Maßnahmen ist eine Ordnungswidrigkeit. Gemäß Absatz 3 kann der Unternehmensinhaber in einem solchen Fall mit einer Strafe bis zu einer Höhe von einer Million Euro belegt werden. Die möglichen Rechtsfolgen erstrecken sich nicht nur auf den (direkten) Unternehmensinhaber, sondern auch auf ggf. beauftragte Aufsichtspersonen wie den Fremdgeschäftsführer oder den Compliance-Officer.[121]

Ein funktionierendes Whistleblowing-System kann ein für den Unternehmensinhaber sehr wertvolles Instrument zur Aufdeckung und Prävention solcher Zuwiderhandlungen sein. Er wird frühzeitig informiert und setzt sich nicht der Gefahr der schuldhaften Unterlassung geeigneter Aufsichtsmaßnahmen aus.

3.1.9 Zwischenfazit

Aus den vorangehenden Ausführungen kann im Ergebnis die ernüchternde Erkenntnis gezogen werden, dass die rechtliche Verpflichtung eines Whistleblowing-Systems vom deutschen Gesetzgeber bis dato noch nicht einheitlich geregelt wird. Dem Großteil der Unternehmenslandschaft in Deutschland stehen keine ge-

---

[121] Vgl. BeckOK OWiG/Beck OWiG § 130 Rn. 34-37, beck-online.

setzlichen Regelungen zur Verfügung, anhand derer ein Hinweisgebersystem ausgerichtet werden könnte. Durch die anhaltenden Diskussionen einer Ausweitung der Pflicht einer Einführung von Hinweisgebersystemen im Rahmen des Risikomanagementsystems besteht somit die Gefahr, dass implementierte Systeme von den Unternehmen wieder abgeändert werden müssen, sofern neue Regelungen in Kraft treten. Dies könnte zu erheblichen Kosten für die Unternehmen führen.

Anders betrachtet kann in dem Fehlen gesetzlicher Regelungen jedoch auch eine Chance für die Unternehmen bestehen, ein Hinweisgebersystem ohne rechtliche Schranken einführen zu können. So kann das System nämlich an die jeweiligen Gegebenheiten im Unternehmen angepasst werden, ohne dass die bestehende Organisation geändert werden muss. Das System passt sich also der bestehenden Organisation an, was unter Umständen finanzielle Mehrkosten vermeidet.

Weiter kann festgehalten werden, dass diverse Vorschriften des deutschen Rechts für einzelne Wirtschaftszweige bereits gefunden werden konnten (siehe FinDAG, KWG). Dies ist vor allem vor dem Hintergrund zu begrüßen, dass in den betroffenen Branchen (Banken, Versicherungen, etc.) erhebliche finanzielle Risiken für die Unternehmen und die Gesellschaft entstehen können, sofern Missstände und Skandale nicht rechtzeitig aufgedeckt werden.

3.2 Rechtsfolgen bei Nichteinhaltung

Nachdem einzelne Regelwerke und Gesetze ausführlich dargestellt wurden, soll nun kurz auf die möglichen Rechtsfolgen eingegangen werden, sofern kein Whistleblowing-System eingerichtet wird.

Zunächst gilt gemäß § 93 Abs. 2 S. 1 AktG eine Schadensersatzpflicht für Vorstandsmitglieder einer Aktiengesellschaft im Falle eines verschuldeten eingetretenen Schadens. Die Rechtsfolge tritt ein, wenn unter anderem eine schuldhafte Pflichtverletzung durch das Vorstandsmitglied verursacht wurde, aus der ein messbarer Schaden für die Gesellschaft entstanden ist. Die Höhe des Schadensersatzes ist dabei grundsätzlich unbeschränkt. Der Schadensersatz kann dabei nach Abs. 5 auch von den Gläubigern der Gesellschaft eingefordert werden, wenn das Vorstandsmitglied nachweisbar schuldhaft gehandelt hat.

Die Geschäftsführung einer GmbH wird gemäß § 43 Abs. 2 GmbHG zu einer organschaftlichen Innenhaftung gegenüber der Gesellschaft verpflichtet. Der Anspruch zum Ersatz eines entstandenen Schadens tritt grundsätzlich bei einer Pflichtverletzung durch die Geschäftsführung ein, indem die bestehende Sorgfalts- oder Treuepflicht schuldhaft missachtet wird.[122] Diese Pflichten werden in Absatz 1 näher definiert, wonach die Gesellschaftsvertreter „in den Angelegenheiten der Gesellschaft die Sorgfalt eines ordentlichen Geschäftsmannes" anzuwenden haben. Somit ist nicht das Eintreten eines Schadens für die Gesellschaft entscheidend, sondern erst die Pflichtverletzung der Geschäftsführung.[123]

Darüber hinaus gilt für die Gesellschaft der allgemeine Schadensersatzanspruch des § 280 BGB wegen Pflichtverletzung gegen den Gesellschafter-Geschäftsführer.[124] Weiterhin werden deliktsrechtliche Ansprüche etwa aus den §§ 826 oder 823 Abs. 2 BGB in Verbindung mit einem Schutzgesetz durch die genannten Regelungen nicht ausgeschlossen.[125]

Ein Begriff, der sich in jüngster Vergangenheit im Zusammenhang mit den Sorgfaltspflichten der Geschäftsführung herausgebildet hat, ist die sog. Compliance-Pflicht der Unternehmensleitung.[126] Demnach muss der Geschäftsführer nicht nur die Einhaltung von gesetzlichen und ethischen Normen bei sich selbst befolgen, sondern hat darüber hinaus bei den Mitarbeitern in sämtlichen Unternehmensebenen für rechtmäßiges Verhalten zu sorgen.[127]

3.3 Sichtweise des Arbeitnehmers

Nachdem nun ausführlich die Sichtweise der Unternehmen dargestellt wurde, behandelt das folgende Kapitel die Sichtweise des Arbeitnehmers, das heißt des Whistleblowers. Die zentrale Frage, die sich der Whistleblower stellt, lautet in etwa: „Darf ich das überhaupt melden? Oder muss ich sogar? Wie sehen die Folgen für mich aus?" Der Beantwortung dieser Frage wird im Folgenden nachgegangen.

---

[122] Vgl. Fleischer, 2016, MüKoGmbHG § 43 Rn. 245.
[123] So auch Gündel, CB 2014, 397.
[124] Vgl. Fleischer, 2016, MüKoGmbHG, § 43 Rn. 9.
[125] Vgl. ebd.
[126] Vgl. ebd., Rn. 142.
[127] Vgl. ebd.

3.3.1 Fürsorgepflicht des Arbeitgebers vs. Mitwirkungspflicht des Arbeitnehmers

Grundsätzlich ist der Arbeitnehmer dem Arbeitgeber gegenüber verpflichtet, etwaige Missstände oder (drohende) Schäden im Unternehmen anzuzeigen.[128] Dies zeigen insbesondere Urteile aus der Vergangenheit, in der die Rechtsprechung dafür plädierte, den Arbeitnehmer treffe eine grundsätzliche Meldepflicht. So urteilte das BAG am 12. Mai 1958.[129] In diesem Fall wurde einem leitenden Angestellten die Pflicht auferlegt, aufgrund seiner leitenden Position im Unternehmen und der damit verbundenen Überwachungs- und Kontrollpflicht Hinweise an seinen Vorgesetzten weiterzugeben. Diese Pflicht ergebe sich „bereits aus dem Grundsatz der Treuepflicht des Arbeitnehmers gegenüber dem Arbeitgeber" und bedürfe keiner Schriftform.

Im Urteil des BAG vom 18.6.1970 stellte das Gericht klar, dass eine Meldepflicht für Hinweise auf schädigende Handlungen bestehe, „wenn sich die schädigende Handlung im Aufgabenbereich des Arbeitnehmers abspielt".[130] Gleichwohl wurde dies noch dahingehend relativiert, als dass es dem meldenden Arbeitnehmer zumutbar sein müsse, sich gegen seinen Kollegen zu stellen.[131]

Im Urteil des BGH vom 23.2.1989 ging der Gesetzgeber wiederum auf die Bedeutung arbeitsvertraglicher Treuepflichten ein.[132] So ist der Arbeitnehmer über die vertraglichen Überwachungs- und Kontrollpflichten hinaus zur Meldung von Ereignissen verpflichtet, die, durch einen weiteren Arbeitnehmer begangen, offensichtlich zu einem Schaden für den Arbeitgeber führen. Allerdings kann der Arbeitgeber nicht von seinem Angestellten verlangen, sich selbst des vertragswidrigen Verhaltens zu bezichtigen. Eine solche Pflicht könne dem einzelnen Arbeitnehmer nicht zugemutet werden und sei mit der Treuepflicht in Ausgestalt der vertraglichen Nebenpflicht gemäß § 242 BGB nicht vereinbar.[133]

Die vertraglich geforderte Rücksichtnahmepflicht des Arbeitnehmers gegenüber seinem Arbeitgeber wurde im Urteil des BAG vom 3.7.2003 konkretisiert, wobei

---

[128] BAG 6 AZR 912/94 vom 1.6.1995, in: NZA 1996, 135.
[129] BAG 2 AZR 539/56 vom 12.5.1958, in: NJW 1958, 1747.
[130] BAG Az. 1 AZR 520/69 vom 18.6.1970, in: NJW 1970, 1861.
[131] Ebd.
[132] BAG Az. IX ZR 236/86 vom 23.2.1989, in: BB 1989, 649.
[133] Ebd.

an ein Urteil des BVerfG vom 2.7.2001 angeschlossen wurde.[134] Der Arbeitnehmer habe demnach auf die Geschäftsinteressen des Arbeitgebers Rücksicht zu nehmen und entsprechenden Schaden, von dessen (potenziellem) Eintritt er erfährt, zu berichten. In den genannten Urteilen wird ein Ausgleich kollidierender Grundrechte von Arbeitgeber und Arbeitnehmer gefordert. Auf diese Grundrechte wird im Folgenden grob eingegangen.

3.3.2 § 17 UWG – Verrat von Geschäfts- und Betriebsgeheimnissen

Wie wir gesehen haben, handelt es sich beim Whistleblowing um die Weitergabe vertraulicher Informationen aus und in einem Unternehmen zur Abwendung von (potenziellem) Schaden.

Der § 17 UWG regelt den Verrat von Geschäfts- und Betriebsgeheimnissen durch einen Betriebsangehörigen. Demnach gilt:

> „Wer als eine bei einem Unternehmen beschäftigte Person ein Geschäfts- oder Betriebsgeheimnis [...] unbefugt an jemand zu Zwecken des Wettbewerbs, aus Eigennutz, zugunsten eines Dritten oder in der Absicht, dem Inhaber des Unternehmens Schaden zuzufügen, mitteilt, wird [...] bestraft."

Einen wichtigen Bestandteil dieser Regelung stellt das Motiv des Hinweisgebers dar. Die vier Tatbestandsvoraussetzungen (Zwecke des Wettbewerbs, aus Eigennutz, zugunsten eines Dritten, Absicht der Schadenzufügung) treten bei dem in dieser Arbeit definierten rechtmäßigen Whistleblowing jedoch nicht auf. Ganz im Gegenteil wird der Whistleblower durch die Absicht bestärkt, frühzeitig Schaden vom Unternehmen abzuwenden und im Sinne der Allgemeinheit zu handeln. Demnach kann der § 17 UWG nicht auf das in dieser Arbeit definierte Whistleblowing angewendet werden.

3.3.3 Kündigungsschutzmaßnahmen für Whistleblower

Der deutsche Gesetzgeber hat mehreren Initiativen zum Trotz noch kein bindendes Regelwerk, welches zu einem wirksamen Schutzsystem für Whistleblower führt, verabschieden können.[135] Wie *Falter* zutreffend feststellt, sorgt diese rechtliche Grauzone bei den Whistleblowern für Unsicherheit. Folglich werden die

---

[134] BAG Az. 2 AZR 235/02, in: NZA 2004, 427 und BVerfG Az. 1 BvR 2049/00, in: NZA 2001, 888.
[135] Vgl. Falter, CB 5/2015, I; Zimmermann, DB 2016.

Hinweise in noch zu vielen Fällen nicht weitergegeben, da Kündigungen oder andere Sanktionen durch den Arbeitgeber befürchtet werden.[136]

Grundlage für eine arbeitsvertragliche Kündigung stellt grundsätzlich § 626 BGB dar. Demnach ist die zentrale Voraussetzung einer fristlosen Kündigung das Vorliegen eines wichtigen Grundes, „der es dem Kündigenden – unter Berücksichtigung aller Besonderheiten des Einzelfalls – unzumutbar macht, das Arbeitsverhältnis auch nur bis zum Ablauf der ordentlichen Kündigungsfrist fortzusetzen."[137]

Diese Formulierung ist zugegebener Maßen nur bedingt greifbar für die unternehmerische Praxis. Eine Negativabgrenzung bildet insbesondere die Meldung von Gesetzesverstößen durch den Arbeitnehmer. Die Einheit der Rechtsordnung ist zu beachten, wonach der Arbeitnehmer sogar unter gewissen Umständen keine andere Wahl als die Meldung der Missstände hat, da er sich sonst strafbar machen würde.[138] Geschützt wird der Mitarbeiter in diesen Fällen über den § 612a BGB, da er „in zulässiger Weise seine Rechte ausübt". Nahezu selbstverständlich sollte die Einschränkung sein, dass dieser Schutz für den Hinweisgeber nur dann gilt, wenn die Anzeige nicht wissentlich unwahr oder leichtfertig falsch abgegeben wurde.[139]

Besonders beim externen Whistleblowing und einer damit einhergehenden Strafanzeige gegen den Arbeitgeber empfiehlt sich ein Blick in die Rechtsprechung. Das Bundesarbeitsgericht (BAG) urteilte im Jahr 2003 über den Fall einer zur Kündigung berechtigten arbeitsvertraglichen Pflichtverletzung eines Arbeitnehmers.[140] Dieser hatte Strafanzeige gegen seinen Arbeitgeber gestellt. Es ging im Wesentlichen um die Frage, ob sich ein Arbeitnehmer zunächst an interne Stellen wenden muss, wenn er Missstände entdeckt und diese melden möchte, oder ob unmittelbar externe Stellen angesprochen werden können.[141] Die Richter entschieden, dass grundsätzlich eine zunächst interne Klärung des Sachverhalts für den Hinweisgeber zumutbar ist, sofern er sich durch die Nichtanzeige nicht selbst

---

[136] Falter, CB 5/2015, I.
[137] Simon/Schilling, BB 2011, 2421, 2422.
[138] Vgl. Herbert/Oberrath, NZA 2005, 193.
[139] So urteilte auch das BVerfG Az. 1 BvR 2049/00, NZA 2001, 888.
[140] BAG Az. 2 AZR 235/02 vom 3.7.2003, becklink 98309, beck-online.
[141] Der Sachverhalt ist hier stark verkürzt dargestellt. Eine ausführliche Behandlung der Thematik erscheint nicht notwendig. Weitere Hintergründe sind zu finden in NZA 2004, 427.

einer Strafverfolgungen aussetzen würde.[142] Dies gilt ebenso für schwerwiegende Taten oder wenn der Hinweisgeber keine angemessene Reaktion auf den internen Klärungsversuch erwarten und dies plausibel darlegen kann. Bei Meldungen gegen Kollegen oder vorgesetzte Mitarbeiter (die also hierarchisch zwischen dem Hinweisgeber und der Unternehmensführung stehen) ist grundsätzlich davon auszugehen, dass eine interne Meldung zumutbar ist. Somit kann festgehalten werden, dass wohl in den meisten Fällen der Aufdeckung von Missständen zunächst ein interner Klärungsversuch unternommen werden muss, bevor sich der Hinweisgeber an externe Stellen wendet. Er kommt somit seiner Pflicht zur Rücksichtnahme auf die Interessen des Arbeitgebers gemäß § 241 Abs. 2 BGB nach.

In einem weiteren besonderes öffentlichkeitswirksamen Urteil des EGMR vom 21.7.2011 wurde die Bundesrepublik Deutschland wegen der Verletzung des Rechts auf freie Meinungsäußerung im Fall *Heinisch* verklagt. Eine Altenpflegerin hatte dort im Jahr 2004 Strafanzeige wegen Nichterfüllung ausreichender Pflegedienste in mehreren Pflegeheimen sowie schweren Abrechnungsbetrugs gegen ihren Arbeitgeber gestellt.[143] Die Klage wurde vom Arbeitsgericht, Landesarbeitsgericht bis hin zum Bundesarbeitsgericht im Jahr 2007 zurückgewiesen. Sämtliche Instanzen machten das Fehlen geeigneter Nachweise des Abrechnungsbetrugs durch die Klägerin geltend. Außerdem sei die Strafanzeige gegen den Arbeitgeber im Einzelfall unverhältnismäßig gewesen, da eine innerbetriebliche Anzeige der Klägerin vor der Strafanzeige ausblieb.[144] Das BVerfG nahm die Verfassungsbeschwerde der Klägerin im Jahr 2007 nicht an.

Erst der EGMR entschied im Jahr 2011 für die Klägerin. In der Begründung führten die Richter aus, dass die Klägerin sehr wohl mehrere interne Anzeigen vorgebracht hatte, die jedoch ohne Reaktion geblieben sind. Daher hatte sie berechtigterweise nicht auf Abhilfe durch eine innerbetriebliche Lösung hoffen können.[145] Die Beurteilung des Wahrheitsgehalts der Aussagen eines Whistleblowers liege außerdem im Verantwortungsbereich der Staatsanwaltschaft. Der EGMR sprach der Klägerin – anders als die deutschen Gerichte – die Absicht zu, die Missstände

---

[142] Ebd.
[143] Eine ausführliche Darstellung des Falls *Heinisch* geben Simon/Schilling, BB 2011, 2421, 2424.
[144] Ebd.
[145] EGMR Az. 28274/08 (Heinisch/Germany) v. 21.7.2011, abrufbar unter: www.betriebsberater.de, BBL2011-1907-1, letzter Abruf: 15.4.2017.

in der Pflege ihres Arbeitgebers zu beenden, anstatt den Arbeitgeber willentlich zu schädigen. Dazu komme der Umstand, dass sich die Klägerin im Rahmen der externen Weitergabe der Hinweise nicht an die breite Öffentlichkeit gewandt hatte, sondern an die Strafverfolgungsbehörden, die bis zu einem gewissen Grad beruflich zur Verschwiegenheit verpflichtet sind.

Der Klägerin wurde durch die Entscheidung des EGMR eine Entschädigungszahlung seitens der Bundesrepublik Deutschland geleistet. Eine Aufhebung der innerdeutschen Gerichtsentscheidungen hatte das Urteil des EGMR hingegen nicht zur Folge. Gleichwohl bildet dieses Urteil im Fall *Heinisch* einen Präzedenzfall für künftige deutsche Gerichtsentscheidungen. Die Bundesrepublik Deutschland ist als Koventionsstaat dazu verpflichtet, unter Berücksichtigung früherer Urteile künftige Konventionsverstöße der gleichen Art zu vermeiden.[146]

Diese Entscheidung des EGMR stellt ebenso keinen vollumfänglich wirksamen Kündigungsschutz des Whistleblowers dar. Es existieren jedoch weitere gesetzliche Regelungen, durch die Hinweisgeber zumindest teilweise geschützt werden. So gewährt § 17 Abs. 2 ArbSchG den Arbeitnehmern bei Vorliegen innerbetrieblicher Missstände das Recht zum Whistleblowing gegenüber den zuständigen Behörden. Es muss hierbei ein Sicherheits- oder Gesundheitsrisiko für die Arbeitnehmer vorliegen, die aus fehlenden oder unzureichenden Arbeitsschutzmaßnahmen oder Arbeitsmaterialien entstehen. Der Arbeitnehmer muss den Arbeitgeber jedoch zunächst innerbetrieblich auf den Missstand hinweisen (§ 17 Abs. 2 2. HS ArbSchG). Wendet sich der Arbeitnehmer nach erfolglosen Klärungsversuchen an die zuständige Behörde, darf ihm kraft Gesetz kein Nachteil entstehen (§ 17 Abs. 2 S. 2 ArbSchG).

---

[146] Vgl. Simon/Schilling, BB 2011, 2421, 2426.

4 Prozess zur Beratung

Nach diesem ausführlichen theoretischen Überblick über den Themenkomplex Whistleblowing stellt sich nun die Frage, inwieweit der Berater ein Unternehmen in der Praxis dabei unterstützen kann, ein geeignetes und wirksames Hinweisgebersystem zu planen und zu implementieren.

Obwohl jeder Berater seine eigene best practice-Erfahrung für die Herangehensweise im Rahmen eines Beratungsprojekts hat, wird wohl am häufigsten die folgende Grundstruktur für das Projekt verfolgt:[147]

> Vorbereitung → Einleitung → Exploration → Konstruktion → Contracting → Abschluss

Diese Struktur bietet das Grundgerüst, welches nun mit Inhalt gefüllt werden soll. Dabei müssen die wesentlichen Kriterien für ein Hinweisgebersystem, die in den vorangegangenen Abschnitten erarbeitet wurden, strukturiert aufgeführt werden. Der Prozess der Beratung dient hierbei lediglich der Strukturierung der in den vorangehenden Abschnitten erarbeiteten Ergebnisse. Um den Umfang der Arbeit nicht übermäßig zu überschreiten, wird auf den eigentlichen Arbeitsprozess des Unternehmensberaters nicht ausführlicher eingegangen. Dies würde darüber hinaus im Hinblick auf das Thema der Arbeit keinen Mehrwert erbringen.

Die Ergebnisse der Abschnitte 2 und 3 werden demnach übersichtlich im Rahmen einer Checkliste aufbereitet (Anlage 1), in welcher die genannte Struktur des Beratungskontaktes abgebildet wird. Der Berater hat die Möglichkeit, für jeden Prozessschritt innerhalb der Checkliste die Markierung „erledigt" oder „nicht erledigt" zu setzen, um den Fortschritt des Beratungsprojekts im Überblick zu haben.

Aus Praktikabilitätsgründen gehen die Fragen in der vorliegenden Checkliste bewusst nicht allzu sehr in die Tiefe. Die Informationen in der Checkliste müssen prägnant und selbsterklärend sein. Eine Überfrachtung von Informationen führt oftmals zu einer Überforderung seitens des Mandanten. Es entsteht eine gewisse Abwehrhaltung gegenüber dem Projekt, die unbedingt vermieden werden muss. Durch eine übersichtliche und strukturierte Auflistung relevanter Kriterien wird die Vorgehensweise für den Mandanten transparent. Der Berater kann sich auf das fachliche konzentrieren, ohne dem Mandanten im Laufe des Projekts immer

---

[147] In Anlehnung an Pantucek, 1998, 3.

wieder einzufangen und mitzunehmen. Die voranstehenden Abschnitte dienen demnach der Erlangung weitergehender theoretischer Hintergründe für den Berater, falls diese notwendig sind.

Im Folgenden werden die jeweiligen Schritte des Beratungsprojekts wie oben genannt näher erläutert. Dabei soll immer wieder die Verknüpfung zu den theoretischen Grundlagen hergestellt werden, insbesondere der Prozessstruktur von Hinweisgebersystemen.

4.1 Vorbereitung

In der Vorbereitung zum Auftaktgespräch sollte sich der Berater mit dem Unternehmen des Mandanten auseinandersetzen. Je nachdem, ob es sich um ein Neu- oder Bestandsmandat handelt, muss diese Vorbereitung gegebenenfalls entsprechend länger ausfallen.

Der Berater sollte sich mit der Unternehmensstruktur und den handelnden Personen auseinandersetzen. Dabei sollte im Hinterkopf stets das Whistleblowing als Prozess verstanden werden.[148] Die einzelnen Prozessschritte und -teilnehmer sollten vorstrukturiert werden. Wo könnte ein triggering event auftreten? Welchen Geschäftszweck verfolgt das Unternehmen des Mandanten? Welche Institution im Unternehmen könnte zu einer zuständigen Stelle benannt werden?

Daneben sollte sich der Berater für den Fall, dass er den Mandanten bereits seit längerer Zeit betreut und ein Gespür für die Denkweise der Unternehmensleitung entwickeln konnte, mit der Frage auseinandersetzen, wie die Unternehmensführung auf Hinweisgeber im Alltag reagiert. Wird das Unternehmen „mit strenger Hand" geführt, oder herrscht ein offenes Betriebsklima, bei dem sich die Mitarbeiter einbringen können?

Hat der Berater die Vorbereitungsphase abgeschlossen, folgt die Einladung an den Mandanten zum Auftaktgespräch. Dieses sollte bestenfalls in den Räumen der Beratungsgesellschaft stattfinden, also auf für die Unternehmensführung „neutralem Boden". Somit kann das Gespräch ungezwungener geführt werden und der Mandant ist eher bereit, sich gegenüber seinem Berater zu öffnen. Das Gespräch wirkt außerdem vertraulicher, da die Gefahr von Unterbrechungen durch Mitarbeiter eliminiert wird.

---

[148] Siehe Abschnitt 2.2.1.

4.2 Einleitung

Das Auftaktgespräch beginnt selbstverständlich mit der freundlichen Begrüßung des Mandanten. Durch kurzen Smalltalk und direkte Ansprache der Personen wird die Atmosphäre gelockert. Man sollte sich vor Augen führen, dass das Thema Whistleblowing für den Mandanten unter Umständen sehr sensibel sein kann. Sofern beispielsweise eine Forschungs- und Entwicklungsabteilung im Unternehmen existiert, wird das Interesse groß sein, Interna innerhalb des Unternehmens zu behalten und Diskretion zu wahren. Falls der Mandant bereits von Fällen der Informationsweitergabe betroffen war und diese Informationen sogar an die Öffentlichkeit gelangten, wird er einen erneuten Fall externen Whistleblowings vermeiden wollen.

4.3 Explorationsphase

In der Explorationsphase nähern sich Berater und Mandant der Thematik an. Der Status Quo wird herausgearbeitet, damit der Berater die Gegebenheiten im Unternehmen nun auch aus der Sichtweise des Mandanten erfährt.

Durch Gesprächstechniken wie aktives Zuhören, Verlangsamen und gezielte Rückfragen wird das vorherrschende Bild konkreter. Der Handlungsbedarf des Mandanten wird verdeutlicht. Es ist zu diesem Zeitpunkt des Gesprächsverlaufs noch nicht sinnvoll, Lösungsansätze zu präsentieren oder mögliche Ergebnisse vorwegzunehmen.[149] Oberstes Ziel der Explorationsphase ist das Sammeln von Informationen, um den Grundriss für ein mögliches Whistleblowing-System zu skizzieren. Hier sollte der Mandant aus seiner eigenen Sicht Probleme und Handlungspotenziale ausarbeiten. Dies steigert gleichzeitig die Akzeptanz beim Mandanten, da dieser selbst an der Erarbeitung wesentlicher Verbesserungsansätze beteiligt ist.

---

[149] Vgl. Pantucek, 1998, 7.

Von zentraler Bedeutung ist die Beantwortung der folgenden Fragen nach Abschluss der Explorationsphase:

1. Was benötigt der Mandant im Rahmen der Beratung? Welches Ziel verfolgt er mit seinem Vorhaben?
2. Wie kann der Mandant mit meiner Unterstützung dieses Ziel erreichen? Was ist dafür notwendig? Welche Vorbereitungen sind zu treffen und welche Mittel werden dafür im Rahmen des Prozesses benötigt?
3. Wer ist für die Umsetzung des Projekts verantwortlich und welche Personen werden darin involviert? Auf welche Personen im Unternehmen haben die Veränderungen Einfluss? Wird zusätzliches Coaching erforderlich?
4. Wo soll das Projekt umgesetzt werden? In welchen Bereichen des Unternehmens werden durch die herbeigeführten Veränderungen weitere Anpassungen in den Betriebsabläufen notwendig?
5. Wann soll das Projekt umgesetzt sein? Wann können wir das Projekt überhaupt starten? Sollen Meilensteine für Zwischenerfolge gesetzt werden? Wenn ja, nach Ablauf welcher Zeit bzw. nach Erreichung welcher (Zwischen)Ziele?

4.4 Konstruktionsphase

In der Konstruktionsphase entwickelt der Berater gemeinsam mit dem Mandanten ein erstes Lösungskonzept auf dem zuvor skizzierten Grundstein.

Dabei ist es Aufgabe des Beraters, zunächst die potenziellen Vor- und Nachteile eines Hinweisgebersystems im Unternehmen darzulegen. Diese Darstellung sollte noch allgemein gehalten werden und noch nicht allzu sehr die Besonderheiten des Unternehmens des Mandanten beinhalten. Es sollte hierbei jedoch nicht außer Acht gelassen werden, auch auf die Vor- und Nachteile eines fehlenden Systems hinzuweisen. Die Wünsche des Mandanten sollten aufgenommen und diskutiert werden. Je nach Kenntnisstand des Mandanten über die möglichen Ausgestaltungsformen der Whistleblowing-Systeme sollte der Berater ausreichend Zeit einplanen, dem Mandanten diesen theoretischen Hintergrund nahe zu bringen.

Es ist von zentraler Bedeutung, den Beratungsbedarf des Mandanten zu erkennen. Das Hinweisgebersystem sollte in jedem Fall auf diese Vorstellungen hinzielen, da nur so die bedingungslose Akzeptanz der Unternehmensleitung erwartet werden kann. Wenn die Leitung Zweifel in einzelne Bausteine oder Prozessschritte des Systems hat, sollte unbedingt eine Nachbesserung erfolgen.

Zur Identifikation des Bedarfs und der Wünsche kann die Checkliste in Anlage 2 genutzt werden. Diese führt den Mandanten und ergibt am Ende ein auf ihn zugeschnittenes System, welches in der folgenden Phase implementiert werden muss.

4.5 Contracting

Das Contracting beinhaltet die Planung der Implementierung hinsichtlich personeller Zuständigkeiten und der zeitlichen Projektplanung. Da das Contracting für jeden Beratungsfall individuell ausgestaltet werden muss, wird dieser Prozessschritt hier nicht näher erläutert.

4.6 Abschlussphase

In der Abschlussphase des Projekts wird die zuvor abgestimmte Planung vom Mandanten umgesetzt. Dabei überwacht der Berater die einzelnen Umsetzungsmaßnahmen und greift notfalls unterstützend ein. Nach erfolgter Implementierung der Prozesse sollten diese einem Stresstest unterzogen werden. Gemeinsam mit dem Mandanten sollte der Berater mögliche Störungen für den Prozess identifizieren, um die internen Kontrollen darauf auszurichten und präventiv vorzubereiten.

Nach diesem Schritt sollte das Projektteam regelmäßige Funktions- und Kontrolltests durchführen, um etwaige Fehler, die sich während des betrieblichen Alltags eingeführt haben, zu beheben.

5 Fazit und Ausblick

Ein funktionierendes Whistleblowing-System kann sowohl internationalen DAX-Konzernen als auch mittelständischen Familienunternehmen bei der Festigung von Transparenz und Vertrauen der Kapitalgeber und weiterer Stakeholder in das Unternehmen nützlich sein. Dabei kommt es bereits bei der Planung darauf an, das System für die eigenen Mitarbeiter so attraktiv wie möglich zu gestalten. Darüber hinaus müssen die Stakeholder durch regelmäßige Berichterstattung von der Funktionalität des Hinweisgebersystems unterrichtet werden.

Wie dargestellt wurde, bietet sich ein Whistleblowing-System an, bei dem die Hinweisgeber an eine zuständige Stelle herantreten und selbst entscheiden können, ob ihre Identität aufgedeckt wird oder nicht. Durch dieses Wahlrecht haben es die Hinweisgeber selbst in der Hand, über die Aufhebung ihrer Immunität zu entscheiden, um dem Unternehmen und dem Beschuldigten offen zu legen, wer die Hinweise gegeben hat. Diese Entscheidung muss dem Hinweisgeber zustehen. Es kann keine pauschale Handlungsempfehlung abgegeben werden, da es vorrangig auf die persönliche, insbesondere psychische, Konstitution des Hinweisgebers ankommt, inwieweit er dem Druck von außen Stand halten kann.

Gleichwohl, ob die Identität des Whistleblowers offengelegt wird oder nicht, muss es der entgegennehmenden Stelle möglich sein, den Kontakt mit dem Whistleblower aufrecht zu erhalten. So können gegebenenfalls Rückfragen ermöglicht werden, um den Sachverhalt zweifelsfrei darzustellen. Nur eine lückenlose Ausgangslage kann zu einer effektiven und für alle Parteien zufriedenstellenden Behebung der Missstände führen.

Die Whistleblower sollten ein eigenes Interesse daran haben, ausschließlich belastbare Informationen weiterzugeben, die auf interne Missstände im Unternehmen hinweisen. Vermutungen müssen zweifelsfrei als solche offenbart werden. Ob die Informationen des Whistleblowers ohne belastbare Nachweise zu einer Verfolgung interner Vorfälle dienen können, die unter Umständen arbeitsrechtliche Sanktionen nach sich ziehen, sollte in den meisten Fällen bezweifelt werden. Wenn sich die vorgebrachten Hinweise als haltlos oder sogar falsch herausstellen, entsteht zunächst ein generelles Misstrauensverhältnis gegenüber dem Hinweisgeber. Von diesem vorangeschrittenen Standpunkt aus können seine Belange nur noch mit großen Mühen glaubhaft dargestellt werden.

Organisatorisch kann ein für alle Parteien vorteilhafter Umstand geschaffen werden, indem geeignete Betriebsvereinbarungen im Unternehmen vorliegen. Hierin sollte der Prozess des Whistleblowing-Systems bis hin zur Aufklärung der Missstände transparent geregelt sein. Es ist darüber hinaus sinnvoll, zur Motivation der Arbeitnehmer eintretende Schutzmaßnahmen vorab schriftlich festzuhalten. Diese Schutzmaßnahmen können sowohl arbeitsrechtliche Konsequenzen regeln als auch soziale Missstimmungen innerhalb der Belegschaft verhindern. Es vermittelt darüber hinaus ein Gefühl der Sicherheit vor Repressalien durch Arbeitgeber oder andere Mitarbeiter für den Hinweisgeber.

Als Ausblick bleibt für den Themenkomplex Whistleblowing festzuhalten, dass der deutsche Gesetzgeber kurzfristig eindeutige Regelungen für die breite Masse an Unternehmen vorlegen sollte. Die Implementierung eines geeigneten und funktionsfähigen Whistleblowing-Systems wird den Verantwortlichen in der Praxis unnötig erschwert. Die Unternehmen agieren zum heutigen Zeitpunkt noch immer vor dem Hintergrund einer weitestgehend ungeregelten Rechtsituation. Selbst Berater können diese fehlenden Informationen für die breite Masse nicht kompensieren, sondern aus ihrer Erfahrung heraus allenfalls best practice-Lösungsansätze anbieten.

Trotz allem sollte die Bedeutung der Thematik erkannt werden. Die Einführung eines Systems, welches in den Grundzügen ausreichende Leitplanken für Arbeitgeber und Arbeitnehmer bereitstellt, ist noch immer besser als ein gänzlich fehlendes System. Je nach Unternehmensphilosophie können Unternehmensleitung und Berater (insbesondere bei langfristig bestehenden Beratungsverhältnissen) ein individuell angepasstes System planen und in die Praxis umsetzen, hinter dem die Unternehmensleitung steht und mit dem ein glaubwürdiges Signal an die Mitarbeiter gesendet werden kann – ein Signal für mehr Offenheit im Unternehmen gegen eine Kultur des Schweigens und des Wegsehens.

Nur mit einer offenen Unternehmenskultur können zufriedene Mitarbeiter in einer vertrauensvollen Umgebung Höchstleistung erbringen, wodurch der Unternehmens-erfolg quasi zum Selbstläufer wird.

Literaturverzeichnis

Auer, M.: Step-by-step: Einführung eines Whistleblowing-Systems, in: CB 2013, S. 1.

Bartuschka, W.: Die Integration von Compliance in die Systeme der Unternehmensüberwachung – ein mittelständischer Ansatz, in: CB 1-2/2017, 30.

Bauschke, H.-J.: Whistleblowing – ein Zwischenbericht, in: öAT 2012, 271.

Benne, R.: Whistleblowing – Wenn Wissen Sensibilität erfordert, in: CCZ 2014, 189.

Bertram/Brinkmann/Kessler/Müller: Haufe HGB Bilanz Kommentar, Stand: 20.10.2016.

Chartered Institute of Internal Auditors (Hrsg.): Whistleblowing and Corporate Governance – The role of internal audit in whistleblowing, London, 2014. Online im Internet: https://iia.org.uk/policy/publications/whistleblowing/, letzter Abruf: 06.11.2016.

Donato, R.: Whistleblowing – Handlungsempfehlungen für eine nutzenstiftende Umsetzung in deutschen börsennotierten Unternehmen, Frankfurt 2009 (zugl. Diss. Dortmund 2009).

Eggemann, G. / Konradt, T.: Risikomanagement nach KonTraG aus dem Blickwinkel des Wirtschaftsprüfers, in: BB 2000, 503.

EGMR: Kündigung wegen „Whistleblowing"? – Der Schutz der Meinungsfreiheit vor dem EGMR - Besprechung des Urteils EGMR v. 21. 7. 2011 – 28274/08, in: RdA 2012, 108.

Ernst, W. in: Münchener Kommentar zum BGB (MüKoBGB), 7. Auflage, Beck-Online, 2016.

Ernst&Young / intouch (Hrsg.): Whistle-blowing – The pillar of sound corporate governance, Indien, 2015. Online im Internet: http://www.ey.com/Publication/ vwLUAssets/EY-whistle-blowing-pillar-of-sound-corporate-governance/$FILE/EY-whistle-blowing-pillar-of-sound-corporate-governance.pdf, letzter Abruf: 06.11.2016.

Falter, A.: Zum Stand der Debatte um gesetzlichen Whistleblowerschutz, in: CB 5/2015, I.

Fleischer, H.: Münchener Kommentar GmbHG, 2. Auflage, 2016, beck-online.

Glock, J. / Abeln, C.: Arbeitsrecht - Ein Leitfaden für leitende Angestellte in eigener Sache, 1. Auflage, 2006.

Graf, J.-P.: Beck'scher Online-Kommentar OWiG, Edition 13, Beck-Online, Stand: 15.10.2016.

Gündel, G.: Handlungspflichten und Haftungsrisiken der Geschäftsführung im Zusammenhang mit Hinweisen auf Unregelmäßigkeiten und Regelverstöße, in: CB 11/2014, 397.

Henner, S: Regulierung durch Corporate Governance Kodizes, Diss. Berlin, 2004.

Herbert, M. / Oberrath, J-D.: Schweigen ist Gold? - Rechtliche Vorgaben für den Umgang des Arbeitnehmers mit seiner Kenntnis über Rechtsverstöße im Betrieb, in: NZA 2005, 193.

Hütten, C. / Stromann, H.: Umsetzung des Sarbanes-Oxley Act in der Unternehmenspraxis, in: BB 2003, 2223.

Inderst, C. / Bannenberg, B. / Poppe, S.: Compliance – Aufbau, Management, Risikobereiche, 2. Auflage, 2013.

Johnson, D.: Die Einführung des § 4d FinDAG: Beginn einer neuen Ära für Whistleblowing?, in: CB 2016, 468.

Küttner, W.: Personalbuch, 23. Auflage, 2016.

KPMG (Hrsg.): DRS 20 – Die Neuregelungen zur Konzernlagebericht-erstattung, 2013. Online im Internet: https://www.kpmg.de/docs/IFRS_DRS20_260213_sec_final. pdf, letzter Abruf: 12.01.2017.

Lanfermann, G. / Maul, S.: SEC-Ausführungsregelungen zum Sarbanes-Oxley Act, in: DB 2003, 349.

Moritz, K. / Gesse, M.: Die Auswirkungen des Sabanes-Oxley Acts auf deutsche Unternehmen, in: Beiträge zum Transnationalen Wirtschaftsrecht, Halle-Wittenberg, 2005.

Müller, M.: Whistleblowing – Ein Kündigungsgrund?, in: NZA 2002, 424.

Near, J.P. / Miceli, M.P.: Organizational Dissidence: The Case of Whistle-Blowing, in: Journal of Business Ethics 1985, Vol. 4, No. 1, 1.

Near, J.P. / Miceli, M.P.: Whistle-Blowers in Organizations: Dissidents or Reformers?, in: Research in Organizational Behaviour 1987, Vol. 9, 321.

Near, J.P. / Miceli, M.P.: Whistle-Blowing: Myth and Reality, in: Journal of Management 1996, Vol. 22, No. 3, 507.

o.V.: Verhaltensbedingte Kündigung eines Arbeitnehmers wegen einer von ihm veranlassten Strafanzeige gegen seinen Vorgesetzten - „whistle - blower", in: NZA 2004, 427.

Pantucek, P.: Techniken der Gesprächsführung, abrufbar unter: http://www.pantucek.com/seminare/200709avalon/gespraechskript.pdf

Pellens, B. / Füllbier, R. / Gassen, J. / Sellhorn, T.: Internationale Rechnungslegung, 8. Auflage, Stuttgart, 2011.

Pricewaterhousecoopers (PwC) AG Wirtschaftsprüfungsgesellschaft (Hrsg.): Wirtschaftskriminalität in der analogen und der digitalen Wirtschaft 2016, Frankfurt a.M., 2016.

Richardi, R. / Thüsing, G.: Betriebsverfassungsgesetz: BetrVG, Kommentar, 15. Auflage, 2016.

Rohde-Liebenau, B.: Whistleblowing – Beitrag der Mitarbeiter zur Risikokommunikation, Edition der Hans-Böckler-Stiftung 159, 2005.

Schulz, M.: Compliance - Internes Whistleblowing, in: BB 2011, 629.

Schürrle T. / Fleck, F.: „Whistleblowing Unlimited" – Der U.S. Dodd-Frank Act und die neuen Regeln der SEC zum Whistleblowing, in: CCZ 2011, 218.

Schmidt,: Erfurter Kommentar zum Arbeitsrecht, 17. Auflage, Beck-Online, letzter Abruf: 23.01.2017.

Simon, O. / Schilling, J.: Kündigung wegen Whistleblowing?, in: BB 2011, 2421.

Stromann, H.: Umsetzung des Sarbanes-Oxley Act in der Unternehmenspraxis, in: BB 2003, 2223.

Thüsing: Beschäftigtendatenschutz und Compliance, 2. Auflage, 2014, beck-online.

Tödtmann, U.: Anzeigepflichten als Compliance-Bestandteil bergen erhebliche Risiken, in: BB 2012, 1.

Ulber, D.: Whistleblowing und der EGMR, in: NZA 2011, 962.

von Busekist, K. / Fahrig, S.: Whistleblowing und der Schutz von Hinweisgebern, in: BB 2013, 119.

Werner, M., in: Beck'scher Online-Kommentar Arbeitsrecht (BeckOK ArbR), Rolfs/Giesen/Kreikebohm/Udsching, 42. Edition, Beck-Online, 2016.

Wiebauer, B.: Whistleblowing im Arbeitsschutz, in: NZA 2015, 22.

Wisskirchen, G. et al.: „Whistleblowing" und „Ethikhotlines", in: BB 2006, 1576.

Wybitul, T.: Cash for Whistleblowing?, in: BB 2012, 1.

Zimmer, M. / Seebacher K. R.: Whistleblowing – Wichtige Erkenntnisquelle oder gefährliches Pflaster?, in: CCZ 2013, 31.

Zimmermann, A.: Whistleblower - BaFin richtet Meldeplattform für Finanzdienstleistungsbranche ein, in: DB vom 14.07.2016 (DB1210079), Blog-Beitrag, letzter Abruf: 23.01.2017.

Zimmermann, G.: Strafrechtliche Risiken des „Whistleblowing", in: ArbRAktuell 2012, 58.

Zwirner, C.: Kapitalmarktorientierung versus Börsennotierung, Bundesanzeiger Verlag, 2010. Online im Internet: https://www.bundesanzeiger-verlag.de/betrifft-unternehmen/unternehmensrecht/aktuelles/news-details-unternehmensrecht/artikel/kapitalmarktorientierung-versus-boersennotierung-1731.html, letzter Abruf: 11.01.2017.

Anhang

Anhang 1: Checkliste zur Gesprächsführung im Rahmen des Erst- oder Folgegesprächs

	Erledigt?	
	Ja	Nein
Vorbereitung		
Haben Sie sich ein Bild der Unternehmensstruktur (→Organigramm) gemacht?		
Gibt es bereits ein Compliance-Management-System inkl. Handbuch?		
Haben Sie eine Risikoanalyse/Gefährdungsanalyse für das Unternehmen durchgeführt, in der Sie v.a. relevante branchenbezogene, sachliche und geographische Risiken analysiert haben?		
Welche Unternehmensbereiche könnten von WB betroffen sein?		
Ist das Unternehmen so strukturiert, dass ein zentrales WB überhaupt in Frage kommt?		
Gibt es bereits potenzielle geeignete Stellen (Personal, Compliance/Recht etc)?		
Einleitung		
Bei Neumandaten: Schaffen Sie sich Vertrauen beim Mandanten.	-	-
Machen Sie dem Mandanten die Sensibilität des Themas bewusst.	-	-
Gibt es einen Betriebsrat im Unternehmen, der eingebunden werden muss?		
Gibt es Betriebsvereinbarungen im Unternehmen?		
Gab es in der Vergangenheit bereits Fälle von WB? Wenn ja, wie wurden diese gelöst?		
Exploration		
Gibt es explizite Pflichten zur Einführung eines WBS? *(s. Abb. 1)*		
Gibt es interne Gefahrenquellen, bei denen die Weitergabe von Informationen schädlich wäre? (Nutzung der Erkenntnisse aus der Risikoanalyse)		
Wer ist aus Sicht der GF eine geeignete interne Stelle zur Entgegennahme der Hinweise?		
Wer soll die Verantwortung für die Einrichtung und Kontrolle der Hinweisgeberstelle übernehmen?		
Wie soll die Vertraulichkeit im Umgang mit den Meldungen gewährleistet werden? (ggf. durch die Beauftragung eines Rechtsanwalts oder Wirtschaftsprüfers, da diese berufsrechtlich zur Verschwiegenheit verpflichtet sind)		
Werden ggf. ausländische Tochter- oder Verbundunternehmen in das System einbezogen? (Beachtung länderspezifischer und kultureller Besonderheiten, ausländischer Gesetzgebung, Übersetzung in andere Sprachen)		
Konstruktion		
Wie soll das WBS geregelt werden? (ggf. durch Betriebsvereinbarung)		
Welche Medien sollen zur Abgabe der Hinweise genutzt werden?		
Wie sollen die Meldungen erfolgen, offen oder anonym?		
Wie werden Informationen erfasst, gesichert und verwertet bzw. beurteilt?		
Wie bleibt die Hinweisgeberstelle mit dem Hinweisgeber in Kontakt? (ggf. weiterhin anonym)		

Contracting		
Welchen Zeithorizont sollte das Projekt einnehmen?		
Welche Personen sollen in die Umsetzung des Projekts einbezogen werden?		
Wer übernimmt die Projektleitung /-koordination?		
Wo wird die Beschreibung des Whistleblowing-Prozesses dokumentiert?		
Abschluss		
Ist eine Schulung der Mitarbeiter geplant (→ „Was darf ich melden? Wie bin ich geschützt?")		
Sind regelmäßige Kontrollen der Wirksamkeit des Whistleblowing-Systems (Funktionskontrollen) geplant?		
Interviews über Zufriedenheit / Anwendbarkeit etc. drei Monate nach Implementierung	-	-
Angebot der unabhängigen Beratung und Konfliktlösung	-	-

Anhang

Anlage 2: Entscheidungsbaum zur Pflicht zur Einführung eines Hinweisgebersystems

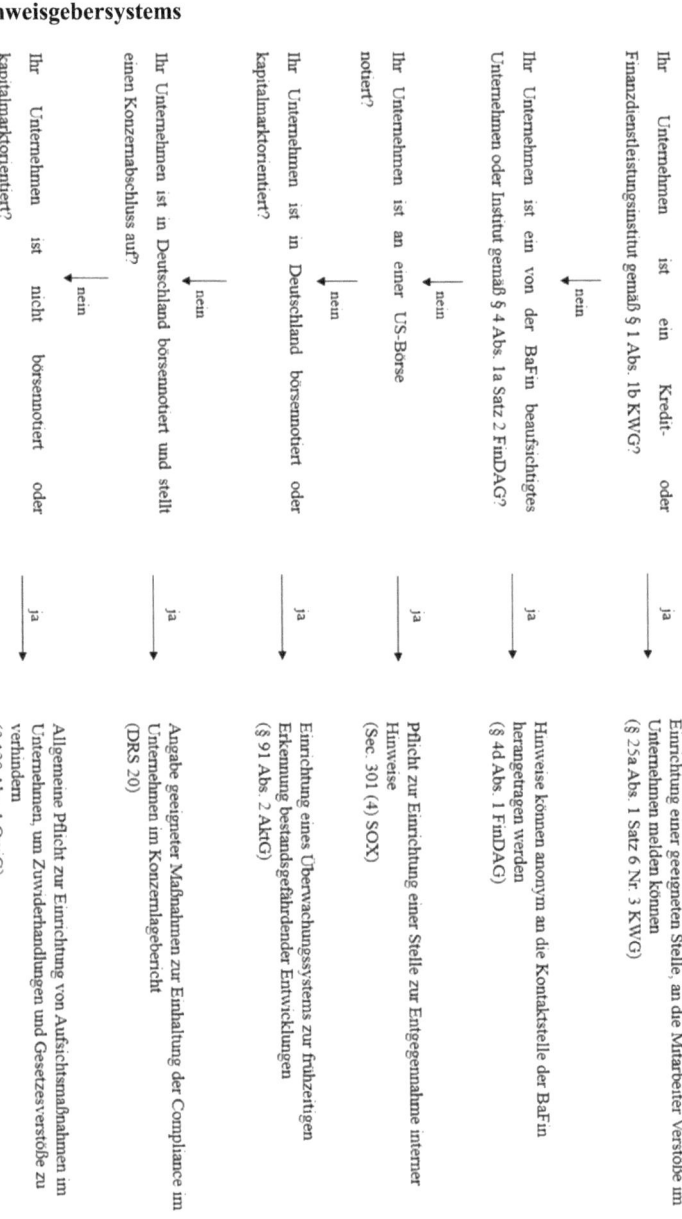